妈妈不唠叨，教出棒男孩

陈 彧 ◎著

全国百佳图书出版单位
ARTTIME 时代出版 时代出版传媒股份有限公司
安徽人民出版社

图书在版编目（CIP）数据

妈妈不唠叨，教出棒男孩 / 陈彧著．—合肥：安徽人民出版社，2013.9

ISBN 978-7-212-06876-9

Ⅰ．①妈… Ⅱ．①陈… Ⅲ．①男性－家庭教育 Ⅳ．① G78

中国版本图书馆 CIP 数据核字（2013）第 223789 号

MAMA BULAODAO，JIAOCHU BANGNANHAI

妈妈不唠叨，教出棒男孩

陈 彧 著

出 版 人：胡正义

策　　划：中资海派

执行策划：黄 河 桂 林

责任编辑：任 济 王大丽

特约编辑：桂凤英 涂玉香

版式设计：邱燕娴

封面设计：张 英

出版发行：时代出版传媒股份有限公司 http://www.press-mart.com

安徽人民出版社 http://www.ahpeople.com

地　　址：合肥市政务文化新区翡翠路 1118 号出版传媒广场八楼

邮　　编：230071

营销电话：0551-63533258 0551-63533292（传真）

印　　刷：深圳市东亚彩色印刷包装有限公司

开　　本：787×1092 1/16 **印　　张**：16 **字　　数**：267 千

版　　次：2014 年 1 月第 1 版 2014 年 1 月第 1 次印刷

书　　号：ISBN 978-7-212-06876-9

定　　价：32.00 元

| 推荐序 |

用对方法，才能养出小小男子汉

成墨初

中国著名出版策划人　家庭教育研究学者和作家

我认识本书作者很多年，她给我的印象就是外表特别沉默，内心却格外有激情，看似漫不经心，却总是有很多独到见解。

关于家庭教育，她既不是偏激的理论追随者，也不是盲目的行为执行者。她善于观察、喜欢思考，并且勤于总结。她喜欢把一切学到的知识，都转化成适合自己的技能。她执着地认为：教育最重要的不是指导，而是观察和刺激。

观察是根本，没有观察就没有对孩子的了解和理解，也就不可能对孩子进行正向刺激。**所谓正向刺激，就是激发孩子内在的成长本能，挖掘孩子各方面独到的天赋。**她曾经说过：最正确有效的教育方法，永远存在于孩子自身。

她对唠叨妈妈并不反感，甚至承认自己也喜欢唠叨，但我发现她的唠叨很特殊，充满幽默、关切，还满是“漏洞”。不管是她女儿，还是别人的孩子，都很喜欢对她的唠叨发表看法，因为她的唠叨里总给人很多想象的空间。

一次，她女儿带着几个朋友在家玩。几个孩子说着说着就讨论到生孩子的问题上了。她也插话道："当妈多不容易啊，十月怀胎，一朝分娩。"她边说边拿起一个垫子捧在胸前，继续说："怀孕的时候要多辛苦有多辛苦。所以说，世界上最伟大的人就是妈妈。"说完，她伸手做了个诗朗诵时慷慨激昂的动作，结果一不小心把垫子弄飞了。

孩子们哈哈大笑，说："世界上最伟大的妈妈，就是把胎儿甩出去的妈妈。"

她马上说："所以每一个妈妈都得有一个铁肚皮，要能承载想飞出去的孩子。再说，你们还没出生就学会拳打脚踢了，不练就一个铁肚皮哪当得成妈妈？"

孩子们又是一阵大笑。不知是谁建议抱个重物在屋里走几圈，体会一下当妈妈的辛苦。孩子们马上站起来，四处寻找"婴儿"，体验当妈妈的感觉。一番笑闹之后，孩子们瘫坐在地上，纷纷叫嚷着："当妈妈太辛苦了。"

……

和我谈到唠叨这个话题时，她说："如果唠叨是正向刺激，那就没问题。"

唠叨是女性的显著特征，也是妈妈常用的教育方法。但当下很多妈妈的唠叨，对于孩子来说都是负向刺激，因为唠叨中夹杂着很多负面信息，诸如批评、讽刺、指责、抱怨等。

大多数妈妈之所以唠叨，其实是想让孩子听话。有意思的是，**唠叨一旦成为负向刺激，那么妈妈越唠叨，孩子就越不听。**这就是她写作本书的目的。她想告诉大家，不用唠叨一样能教出棒男孩。

本书提供了很多实际操作技巧，相信对各位妈妈会有很大的帮助。

前 言

妈妈不多说，也能教好爱捣蛋的小男孩

不唠叨的女人少，不唠叨的妈妈更少。我是女人，也是妈妈，我也唠叨，但我并不认为唠叨是大罪。长大成人之后，初为人母之时，我最怀念的是妈妈的唠叨。妈妈的唠叨里，浸着满满的亲情和关爱，透着智慧。

但我不能不说，我儿时最厌烦、最想逃避的，也是妈妈的唠叨。妈妈的唠叨里，夹杂着让我极不舒服的指责和批评，渗透着不信任、不理解和不满意，密密麻麻塞满我的耳朵，充满我的脑袋，让我无从思考，让我妄自菲薄。从教育的角度说，唠叨的确需要修正。

特别是家有男孩的妈妈，在教导孩子的时候，更要少用唠叨这种方法。因为妈妈和男孩性别不同，生理上的差异造成的大脑差别，使得妈妈和儿子本能地使用不同的沟通方式。

男孩对语言的领悟性较差，再激烈的言辞对他的激励作用也不大，反而会激发他的反感情绪。男孩的学习方式也有别于女孩，女孩更喜欢听、喜欢语言表达；而男孩则更依赖触觉，喜欢动手动脚、喜欢探索、喜欢“破坏”。

男孩看似比女孩坚强，实际上是因为他们不如女孩细腻，也不如女孩善于

表达。在倾听方面，他们“听”不好妈妈的话；而在述说方面，他们又“说”不好自己的心里话。正因为男孩有这种特性，才需要妈妈在教导他时多倾听。只有听出孩子的“弦外之音”，听懂他的词不达意，才能了解孩子的心理，才能和他友好沟通，也才能对他进行更好的教育。

唠叨是女性的一种本能沟通方式。很多妈妈的唠叨里，不乏经典的教育之道、肺腑之言，但凡事应适可而止、过犹不及。鱼缸里只有一条鱼，我们很容易就能看见；大海里如果只有一条鱼，我们找起来就困难了。孩子不是钓鱼者，他没有耐心从我们的汪洋唾液中寻找那一滴精华。

唠叨也是女性的一种发泄方式。当代社会，女性生活压力较大，职责也比原来多，工作、家庭、教育三手都得抓。这是种三足鼎立的生活，任何一足有缺陷，我们都会陷入混乱之中。因此，我们必须紧绷神经；因此，我们真的“压力山大”；因此，我们没法不唠叨。

我能理解，但孩子们不能理解。即使你说“妈妈真的是为你好，你就听妈妈的吧”；即使你说“妈妈真的很辛苦，你就别给妈妈添乱了”，他该犯的错一样不会少，他不反抗就听从的事情一样不会多。因为这错误是成长，这反抗也是成长。

如果我们唠叨只是想让孩子乖乖听话，那我们就错了。因为乖乖听话的孩子，大多自我价值感都很低，自我发展的能力也很差。任何一个孩子都有机会成为叱咤风云的人物，如果我们一味强调乖乖听话，就是在把一个有创造力的人，驯养成一个循规蹈矩的机器人。

虽然我们已经是成人，经历了社会的历练，有了一定的智慧和经验，但我们不成熟的地方还是数不胜数。我们无法保证唠叨中包含的道理都是对的，况且有些妈妈自身的人生观就是错误的，再用它指导孩子，其结果可想而知。

即使我们唠叨的都是经过实践验证的，如果没有得到男孩的亲自验证，也不会成为他的信条。从这个角度来说，我们也需要少一些唠叨。

其实孩子自身就有一种内在激励机制。如果我们能少一些唠叨、多一些观察，就能发现孩子的自我激励方式，并据此予以指导。这样我们不但能减轻自己的负担，让孩子听话，还能最大可能地挖掘孩子的潜能。

目 录

推荐序 用对方法，才能养出小小男子汉 1
前　言 妈妈不多说，也能教好爱捣蛋的小男孩 3

第 1 章 **男孩的小脑袋里到底在想什么？** 1

有多少男孩的特性你不知道？

不听话的男孩总比女孩多，不守规矩的男孩总比女孩多，
搞破坏的男孩总比女孩多。
为什么一件事情说几遍，男孩也记不住？
为什么有男孩的地方总是“大闹天宫”？
为什么男孩连课也不能老老实实坐着好好听？

为什么男孩总是“听不到”？ 2
男孩屁股下面有刺儿吗？ 6
男孩怎么那么爱闯祸？ 10
老师盯着不放的怎么总是小男孩？ 15
男孩真的比女孩粗心笨拙吗？ 20

第 2 章 **唠唠叨叨危害大** 24

越唠叨，男孩越是听不到

说他，放学都不回家；不说他，他会自觉回家？

我对他那么好，他却对我这么反感，我们真的水火不容？
别看他人不大，脾气可不小，动不动就离家出走，怎么办？

啰唆让男孩失去耐心 25
说得越多男孩越反感 29
越唠叨，孩子越无能 34
过多指责，他会不负责 38
妈妈提醒多，男孩犯错多 43
责备会扼杀他的男子汉气概 48
絮絮叨叨，亲子关系更糟糕 53

第 3 章 为什么妈妈总是忍不住唠叨？ 58
唠叨是正向心，但没多少正能量

今天喜欢捏泥巴，明天喜欢说相声，什么时候喜欢读书就好了。
在学校惹是生非，回到家调皮捣蛋，为什么从来不学好？
一刻不管，下一刻就犯错，我不多说能行吗？

为什么男孩一定要得第一？ 59
事事都能做好，还是孩子吗？ 64
他为什么一定要按你的想法做？ 68
你的经验对孩子一定有用吗？ 73
平时不管，一出问题就唠叨是尽责吗？ 78
你一定比孩子想得更周到吗？ 83
唠叨后，孩子能体会到你的爱吗？ 88

第 4 章 听听男孩的心声 93
只有静下心倾听，你才知道他在想什么

要是我只说一遍他就能记住，该多好啊！
蜜蜂也敢抓，马路也敢闯，他怎么一点安全意识都没有？
硕硕跟妈妈话很少，却跟小姨话很多。又是哈哈大笑，又是大呼小叫，他们到底在聊啥？

“您说个没完，却没有心情听我说” 94

“芝麻大点的事，用得着长篇大论吗？” 99
“老妈就是喜欢翻旧账” 104
“动不动警告我，您就事事能做好吗？” 109
“我也想做好，可就是达不到您的要求” 114
“我光看您着急上火了，没听见说了什么” 119
“为什么有些事，我问都不能问？” 124

第5章 放松神经去教养 128
宽松教育才能换来男孩的敬佩和感激

小错天天有，大错隔天犯，不盯紧点能行吗？
跟朋友一会儿可以两肋插刀，一会儿变得老死不相往来，我真的可以放任不管吗？
每次去她家，都看到她和孩子聊得热火朝天，为什么她的孩子什么秘密都愿意跟她分享？

站在孩子的立场想问题 129
像朋友一样和男孩聊天 133
把男孩犯错的时机变成成长契机 138
垫底的男孩更需要妈妈的鼓励 143
男孩之间的矛盾，让他自己去处理 147
与其发脾气，不如冷处理 152
孩子的秘密基地，非请勿入 157
肯定和采纳男孩合理的意见 162

第6章 对待孩子也要平等 167
你尊重孩子，他才会听从你的教导

妈妈生病住院，爱捣蛋的小光在学校居然受到老师表扬，回到家还主动做家务？
大人什么也没说，调皮好动的毛躁小子，在小姨婚礼上忙东忙西、热情待客，还连连获赞？

别帮孩子做，多让孩子做 168
发现男孩稚嫩意见里的闪光点 173

听听男孩如何评论你 178
男孩有怨言，让他说个够 183
把男孩当成老师那样尊重 188

第 7 章 寻找缓解压力的方法 193
妈妈充实了，唠叨就少了

工作又忙又累、情绪糟糕，男孩吵闹更添烦恼，怎样才能做到心平气和？
管孩子、忙事业，爬爬山、逛逛公园，真能缓解压力吗？
我带孩子出去玩时，她家孩子在上补习班，我的孩子反而更优秀？

调整好情绪，再面对孩子 194
妈妈充电，孩子也会效仿加油 199
制造快乐，就是给孩子和自己减压 203
定期给自己的“心灵”放个假 208
带上孩子，带上老公，去大自然走走 213

第 8 章 妈妈不说，男孩也会听 217
只要你找，总有方法让男孩听你的

妈妈不用多说，爱搞破坏的小柏居然主动洗净小手，安静看书？
不爱刷牙又酷爱吃糖的小远， 为什么突然变得酷爱刷牙不爱吃糖了？
吃饭、看书、看电视，孩子都能学英语？还乐此不疲、如痴如醉？

把话说到孩子的心坎里 218
以身作则的陪伴比说教更重要 223
多使用自然惩罚法 228
这样做，孩子主动争着学 233
无条件的信任才能换来孩子改变的决心 237

后 记 不啰嗦，不说教，照样教出棒男孩 242

第 1 章

男孩的小脑袋里到底在想什么？

有多少男孩的特性你不知道？

不听话的男孩总比女孩多，不守规矩的男孩总比女孩多，搞破坏的男孩总比女孩多。

为什么一件事情说几遍，男孩也记不住？

为什么有男孩的地方总是“大闹天宫”？

为什么男孩连课也不能老老实实坐着好好听？

为什么男孩总是“听不到”？

妈妈：随手关门这事，我和你说过几遍了？

儿子：您什么时候和我说过？哦，我好像听过，可我没记住！

解答：男孩的大脑一次只能想一件事情，想让男孩听话，必须给他创造一个专注于“听”的环境。

妈妈们最喜欢抱怨儿子的一句话就是：“他没长耳朵。”男孩手里拿着一个令他着迷的小玩具时，你跟他说话他听不到；一件很简单的小事，你跟他强调一千遍一万遍，他就是记不住；一件事情从起床开始，你就提醒他不要忘记，可出门上学时他还是忘得一干二净……很多男孩身上都存在这样的现象。男孩的大脑到底怎么了？为什么会出现这样的情况？

男孩玩得兴致高昂时别唠叨

爸爸出差回来了，维康见到爸爸的第一句话就是：“爸爸，给我带什么礼物了？”说完就开始翻找爸爸的行李包，抱出一个航模盒来。妈妈在旁边不满意地唠叨着：“就知道礼物，难道礼物比爸爸还重要啊？”进门连口水都没喝的爸爸，见维康拆包动作笨拙，就过来帮他。这是一个还未组装的飞机模型。维康拎着模型盒的底部，“哗啦”一声，所有部件都被倾倒在地上，一个小圆球咕噜噜滚到了沙发底下。妈妈又抱怨道："哎呀，你不能慢点放吗？圆东西容易四处乱跑，拿东西在旁边挡着，它就不会跑了。"维康没有说话，兴致勃勃地跑到沙发旁边，掏出小圆球后，又匆忙跑到爸爸身边。爸爸已经把大部件都挑出来了，维康把小球快速扔到地上，去拿爸爸整理好的大部件。小球掉到地上，没有东西挡着，又滚了起来。妈妈赶紧用手截住说："哎呀，跟你说了要慢慢放，你怎么就记不住呢？"维康似乎没有听见，他正蹲在地上，在爸爸的指挥下安装飞机头。爸爸在旁边不停地说着组装要领。维康按照爸爸的要求一丝不苟地组装着。

需要安装那个小圆球了。维康把小圆球拿过来，安装在爸爸指定的地方，但他马上发现这样做是错误的，因为装完小球后，一个小的方块零件就安装不上了。他赶紧把小球卸下来，顺手又扔在了地上，小球又滚远了。妈妈来气了，大声喊道："我跟你说了好几遍，这个小球容易到处乱滚，你就不能慢点放啊？"

妈妈的声音很大，把爸爸和维康都吓了一跳。爸爸抬头看了一眼妻子，笑着说："不是什么大事，干嘛这么大声？"妈妈更来气了，对维康说："我不大声，你们能听见我说话吗？维康，我刚才跟你说什么了？"维康抬头看了妈妈一眼，有点丈二和尚摸不着头脑："您说什么？"

妈妈非常生气："我就不明白，同样是说话，为什么我说了好几遍的话，你听不见；你爸爸只是轻声说，你就听得一清二楚？"维康说："爸爸告诉我怎么安装啊，我当然听得清了。"妈妈更气了："这么说，你爸爸说的话对你很重要你就听，我说的话不重要你就不听！"维康小声嘟囔："我不是不想听，是我没听见。"

棒男孩教养妙招

Why：男孩玩得最专注的时候，大脑里能够接收的信息一定和他专注的事物有关，无关的信息，他是接收不到的。

How：1. 你说话孩子没听，就不要再说了。维康第一次把球掉到地上前，就已经没有心思听妈妈说话了。所以维康第一次掉球时，妈妈先不要说话，此刻他的大脑正想着怎么玩。

2. 想让男孩听到，要先让他从专注的事情中跳出来。第二次掉球时，妈妈最好让维康自己捡，在捡球的时候他可能会有些沮丧。这时候妈妈就可以说："我告诉你一个方法，慢慢放小球就不会滚了。"

男孩情绪不好时别唠叨

周末的晚上，一家三口吃完晚饭，妈妈要检查耀耀当天的作业。耀耀乖乖地把作业本拿过来，小心翼翼地问道："咱们今年会不会出去旅游？"

妈妈边看作业边说："看情况吧，我今年放假晚，可能没有时间。"耀耀有点不高兴。接着，妈妈指着作业本上的错误说道："这道题我记得跟你说过了，不要用这种算法，这种算法很容易出错。"耀耀低着头不吭声。妈妈又大声说："你听见我说什么了吗？"耀耀不耐烦地说："听见了。"

妈妈有点恼怒："你不看我指哪道题，就知道我在说什么吗？看题！"耀耀勉强抬头看了看作业本，说道："我知道这道题。"妈妈又问："那这道题哪里做错了？"

耀耀答道："就是你刚才说的，算法不对。"妈妈愤愤地说："我再跟你说一遍，这是最后一遍了，下次再遇到这样的题目，应该这么做。另外，千万不要在玩游戏之后做这种题目，记住了吗？"耀耀呆呆地看着自己的作业本，任凭妈妈滔滔不绝，心却不知道飞到哪里去了。

棒男孩教养妙招

Why：没有激情的男孩大脑处于迟钝状态，他的大脑在想着让他沮丧的那件事情。如果此时妈妈强迫孩子听自己的话，只会适得其反。

How：1. 在孩子不高兴时，应安慰孩子。妈妈可以说："我尽量争取今年带你去旅游，如果不能去，放假也会带你在附近走走，保证陪你玩个痛快。"

2. 不要在孩子不高兴时强调重要的事情。妈妈不应该在这时候检查耀耀的作业，尤其不应该在这个时候指出耀耀的错误。

好妈妈教养手记

连接人脑左右半球的是胼胝体，这是保证左右大脑互通有无的“光缆”。男孩的胼胝体体积比女孩小，也就是说，其左右脑连接的“光纤”数量低，信号的传输自然少，因此男孩左右脑的交叉信息处理功能弱于女孩。简单来说，就是男孩一次只能做一件事情，多了他就招架不住了。

男孩屁股下面有刺儿吗？

妈妈：我在认真跟你讲这个问题，你老是晃来晃去干什么？为什么不能认真听讲呢？

儿子：我听着呢，可是听不懂！你要是能让我去外面玩一圈回来，我肯定都懂了！

解答：男孩的大脑对单调的语言有所排斥，他不喜欢静静坐着听，而更喜欢通过触摸获得知识。

我们常常听到这样训斥男孩的话："你屁股底下有刺儿吗？为什么坐不住？"

让一个处于兴奋中的女孩静下来，大概需要几分钟；可要让一个男孩静下来，你就是绞尽脑汁也不一定奏效。在课堂上，最爱捣乱的是男孩。要么上课铃声响半天了，他们还在走来走去，不愿意回到座位这个"牢笼"之内；要么上课才十几分钟就坐不住，偷偷在下面做小动作。男孩为什么坐不住？

小动作，强迫是改不掉的

一个七岁男孩的妈妈对我说："我的儿子上课就是坐不住，老做小动作。为这事老师没少批评他，还找过我谈话。每天晚上，我都跟儿子强调上课一定要专心听讲，可他就是坐不住，你说怎么办呢？"

还没等我回应，这位妈妈又说："我特别矛盾，特别想让孩子固定在座位上，一声不吭地待半个小时。我天天这样训练他，反而让他更不愿意乖乖坐着不动了。"

我说："好动是男孩的天性，男性大脑对运动中的事物更感兴趣。男性大脑也更多地依赖空间机械刺激思考。再说，孩子注意力集中与否和他的兴趣有关。对于感兴趣的东西，他会一动不动地盯着看，并认真思考。可是学校的上课方式，就是让孩子老老实实地保持一个姿势。这个姿势只会让他厌倦，他就更无法集中注意力了。"

"那怎么办啊，孩子总得在学校上课啊？"这位妈妈犯愁了。

这是很多家长的苦恼。虽然学校这种教育方式会限定孩子的自由，但又不得不让他去学校上课。所以他们只能给孩子戴枷锁，让孩子达到学校的要求。

我说："你可以和老师沟通一下，让他坐在边上。这样他就不会影响他人了。给他一段时间慢慢集中注意力，不至于让他一下子不适应。"

"我要怎样培养他的注意力呢？"

"不要强迫。你告诉他要认真听讲，对于他来说一点意义都没有，你强迫他静坐在椅子上，会让他失去学习兴趣，学习效果也不好。要培养他的注意力，首先得想办法吸引他的注意力。你不能左右老师的讲课方式，但你可以在上课前，给他提些问题激发他的学习兴趣。"

"您是说让我提前帮他预习功课？"

"举个例子，学习直线和线段时，你可以带着他在房间里找直线和线段，可以问他有没有直线，哪些是线段，让他说说线段的特点等。你不要小看孩子，对于这些细节，他比成人看得还仔细。"

棒男孩教养妙招

Why：男孩坐不住，是因为他的大脑更容易接受运动物体的刺激。这些刺激有助于他思考。让男孩静坐听讲，他会厌烦、分心、坐立不安，甚至昏昏欲睡。长期让孩子静坐听讲，他的大脑就会变得迟钝，叛逆心理也会更强。

How：1. **不要总是责备他。**暂时允许孩子做小动作，给他一段时间慢慢集中注意力。

2. **与老师沟通，让他上课的时候多抛给男孩一些问题。**思考问题会让男孩更加集中注意力。

3. 上课前，让孩子知道这堂课有很多吸引人的地方。有让孩子感兴趣的事情，他的注意力自然就集中起来了。

不要让孩子正襟危坐地听你说话

霜花是一位职业女性，平时工作特别忙，几乎没有时间照顾儿子镇儿，也没有时间和他沟通，为此她一直很愧疚，于是每到周末就会腾出几小时专门和儿子沟通。霜花和镇儿约定，每周六上午十点在书房“开会”。开会的内容包括以下几点：第一，镇儿总结过去一周的学习情况；第二，妈妈对其总结进行点评；第三，母子俩共同拟定下周的计划。

一开始镇儿很喜欢这种方式。他信誓旦旦地对妈妈说：“妈妈您放心吧，我一定会好好学习，并让自己的生活和学习更有规律。”

可到第三周镇儿就受不了了。一听到妈妈喊他去书房开会，他就头疼。妈妈叫了他三遍，他都不进去。直到妈妈声音变得异常严肃，镇儿才极不情愿地、磨磨蹭蹭地走进书房。

妈妈看了镇儿一眼，想批评他的磨蹭，但还是忍住了，然后很温和地让他坐下。镇儿坐到椅子上低着头，摆弄手上的玩具。妈妈喝道：“不许玩了，我们现在在开会，知道吗？你得做总结呢！拿着玩具怎么做总结啊？”镇儿无奈，只好把玩具放到桌子上，然后坐在椅子上一声不吭。妈妈有点生气，问道：“你怎么不说话？总结有那么难吗？我只是让你回忆一下过去一周的情况。说吧,快点，我还有很多事情要做呢。”

镇儿艰难地张开嘴，然后一狠心、一咬牙说：“我过去一周表现很好，学习努力，团结同学，积极配合老师的工作。被老师表扬过三次，同学对我的评价也十分好。”

“真的？”妈妈看了看镇儿的表情，表示不相信。

“当然，快点进入下一个环节吧。您不是很忙吗？我也忙着呢。”

“你忙什么？我们这个会议对你来说很重要，你得认真对待才行。我抽出宝贵的时间来帮你，如果你不好好把握，不但浪费了你的生命，同时也是不尊重我。”

“我没有。”

“那好吧，你跟我说说你有什么证据能证明你努力学习了。”

“什么叫证据？怎样才能拿出这个证据？”

接下来是妈妈的长篇大论。当然，也浪费了更多的时间！

棒男孩教养妙招

Why：让男孩坐着听大道理，虽然可以使他集中精力做一件事情，但效果不会持久。因为男孩的学习方式本来就是“动手动脚”，如果束缚他的身体，就等于封闭了他的所有感官，这会让他变得十分迟钝。

How：1. **边运动边和他聊想聊的话题。**可以和男孩打打球，在打球的过程中，聊聊工作中的糗事，以此说明一个小道理，激发孩子对的学习热情。

2. **孩子自愿做总结时才让他做。**自愿的效果更好。

3. **不要每周重复同样的内容。**如果每周都让他重复学习好不好、听不听话、老师批评他没有，孩子很快就会总结出一套欺骗你的模式。

好妈妈教养手记

与女孩大脑相比，男孩的大脑更多地依赖于空间机械刺激，这意味着男孩喜欢通过“动手动脚”获得知识和经验，所以单纯的语言刺激和正襟危坐对男孩来说是一种折磨。首先，他可能听不懂、不感兴趣，自然就不愿意听；其次，静坐使孩子身体受到束缚，所有的感觉器官被“封锁”，这会让他变得更为迟钝。如此一来，妈妈的所有教导都会变成“耳旁风”。

男孩怎么那么爱闯祸？

妈妈：为什么你没有一天让我省心？

儿子：我并没有成心让您费心啊？

解答：男孩的额叶不如女孩的活跃，而且发育更晚，这使得男孩更容易冲动。

家有男孩的妈妈通常都会有三大苦恼。第一，经常受老师的“提点”：就属你家儿子最不守纪律了；第二，经常受邻里投诉：你家儿子今天又把我家玻璃砸坏了；第三，经常接到亲戚的电话：你家儿子跟我要玩具，我应该给他吗？

我曾经听到一位妈妈抱怨自己的儿子：他所到之处必定一片狼藉，而这位被妈妈抱怨的儿子仅仅六岁。妈妈说他手脚都不老实，走到哪，破坏到哪。

大多数男孩的成长过程，都是“劣迹斑斑”，甚至被妈妈评价为“无恶不作”。让人不解的是，越是胡闹的男孩，他未来的成就可能越高。

男孩的学习方式就是“破坏”

表妹的儿子长杰五岁了。他很小的时候，经常去姥姥家玩，而我就经常听到我二姨也就是长杰的姥姥抱怨。那天我去我妈家，正碰到二姨和表妹带着长杰来玩。聊天过程中，我们又提到长杰。

二姨说："长杰一来，就像鬼子进村似的。他一进院，首先小院墙得遭殃，不是用脚踹墙，就是用手把小院墙上的东西扒掉。一进屋，屋里就开始乾坤大挪移，衣服不在衣柜，桌子椅子都得挪位。"

二姨是一个特风趣的人，她的话让我们哈哈大笑。表妹虽然有点不舒服，但也笑了，说："有什么办法，谁知道他为啥那么淘气？我也教育他，天天揪着他的耳朵告诉他别乱动人家东西。他也答应，可是做不到。"我妈说："小男孩好动点好，古语说：'淘小子出巧的。'那些闷不作声的反而没啥大出息。"

二姨说："话是这么说，可长杰简直淘得没边。前两天我买了两只小鸡仔，他一上来就抓，抓了就往嘴里放。我看了就大声嚷着让他放下。他是没往嘴里放，可是也不放那小鸡仔，几步跑到床下，拽出一只打气筒，对着小鸡就乱打气，差点把那小鸡折磨死。"

正说着长杰跑过来了，手里拿着一把花。那花居然是二姨最喜欢的君子兰，才开花一天。二姨看到大叫："长杰啊，你怎么把姥姥的花掐掉了。"

表妹一看气坏了，还没站起来就一个耳光打过去，正打在长杰手臂上。长杰手里的花掉在了地上，他站在那哇哇大哭起来。

表妹要继续打，被我拦住了。二姨和表妹就开始数落起长杰来，表妹一边数落，还一边用手指点长杰的脑门。长杰哭得更凶了。

我连忙把长杰抱到一边，好言哄他，又给他看我随身带着的一支漂亮的笔，笔帽上有一个夜光瓶，我用东西遮住瓶子，让长杰往里面看。长杰看到瓶子居然发光，也就不哭了，拿起瓶子玩起来。

我故意把瓶子拿过来，问长杰："你告诉表姨你在姥姥的花上看到了什么，我就把这个瓶子送给你。"长杰脱口而出："我看到了美。"

我大为惊诧，问道："你为什么把它掐掉呢？"

"我想看看它是怎么长得那么美的！"

棒男孩教养妙招

Why：视觉、嗅觉、触觉、味觉、听觉等诸多感觉，不断向男孩大脑发送信息，让他对这个世界有了认识，也产生了兴趣。男孩血液中的多巴胺含量较多，流经小脑的血流量很大，这使得男孩更喜欢通过感知探索世界。

How：1. **在一定范围内允许孩子破坏。**这个范围，首先要能保证孩子的安全，其次是不要造成重大损失。千万不要直接给孩子讲道理，警告他不能破坏。

2. **孩子破坏后，与他一起分析他的“学习所得”。**问孩子这么做看到、听到、感觉到了什么，通过这些提问你会知道孩子到底学到了什么。

3. **适当引导孩子，让他以正确的方式破坏。**就长杰来说，可以给他一盆花，让他亲自观察、记录，这样他就能了解花的成长和绽放过程。

正确引导孩子的冲动行为

代代是我在书店里认识的一个孩子，当时我们俩同时去拿一本科学书。他的小手很快，也很有劲，“嗖”一下就从我的手里把书抢了过去。

我只看到一只手背上有一块白色伤疤的小手，我顺着小手看，就看见了小男孩，他冲着我笑，两颗小虎牙格外白亮。他说：“我叫代代，你是大人，就让着小孩吧。”

代代拿了书，一屁股坐在地上，聚精会神地看起来。一边看还一边用手在书上比比划划，这让我对他产生了浓厚的兴趣。我拿了另一本书坐在他的身边。他说：“阿姨，你说太阳熄灭之后，地球人会不会死掉？”

这可不是个简单的问题。我笑了，说：“可能吧，如果人类在那之前找到其他适合生存的星球，或者能制造一个假太阳，那么人类还能长久地生存下去。”

代代歪着脑袋想了想，说：“嗯，这个答案我喜欢。”说到这里他又往我身边凑了凑，悄声说：“你知道吗，我自己在家里研制小太阳呢。”

“是吗？你好厉害哦！那你用什么制造太阳啊？”

“我用的是一块砖，在砖上缠电线，然后把电线连接在一个灯泡上。接着我把砖放在火上烤热，再把电线接上，灯泡就亮了。”“这太危险了。热砖肯定会把电线烧坏，你会被电到的。”

代代噘了一下嘴，说道："唉，我知道，不过，我有保护措施的。"说着，代代忽然把右手放在了身后藏起来。我想起看到的那个白色伤疤，那是被烫的。我故意说："我都看到你的伤痕了，你就别藏了。"

代代打了个哈哈，说："唉，我都想好了，下次带个微波炉手套，就不会出事了。"

"嗯，你还别说，这真是个好办法。你也可以问问你妈妈爸爸还有没有其他办法。"

"得了吧，我妈呀，我可不能告诉她，否则她非得吃了我不可，就她那一堆唠叨也让我受不了。不过有一次红砖也发挥了效力，帮我报了仇。"

"你还报仇？"

"对，我家离学校不远，我中午就把一块烧红的砖拿到学校，扔在万恶的张三少的书桌上，他的书被烫糊了。呵呵，乐死我了。"

"啊？""谁叫张三少老是欺负我来着。不过你放心，没人知道。"说完，代代又低头看书，他看得非常认真。

棒男孩教养妙招

Why：男孩的冲动表现在爱打架、爱做一些出格危险的事上。这是因为男孩的额叶发育得晚，不够成熟，无法让自己变得更理智。

How：1. 允许孩子冲动。冲动并不都是坏事，有时候反而会让孩子产生一些新奇有趣的想法。

2. 帮助男孩化解情绪，减少不当冲动。当男孩生气、愤怒时，会做出一些损人不利己的事情，妈妈应该帮助他化解愤怒，而不是强迫他不要冲动。

好妈妈教养手记

男孩小脑中多巴胺的量较大，而小脑又控制着"行为"和"身体行动”，所以男孩比女孩更易冲动，更爱破坏，也更喜欢闯祸，但妈妈要看到孩子破坏的本质，找到孩子冲动的原因。妈妈要肯定孩子的正确想法，引导他消除错误的想法。

老师盯着不放的怎么总是小男孩？

妈妈：我总觉得你比邻居家妹妹聪明，可为什么你各方面表现都不如人家呢？

儿子：我觉得我表现得挺好，可你就是觉得我不如人家。

解答：男孩的大脑发育相对于女孩子较晚一些，学校的教育方式和男孩的学习方式存在冲突，所以男孩在小学阶段总表现得不尽如人意。

小学阶段，女孩很快能融入学校，适应老师的教育方式。而男孩进入小学后，出现的问题则会很多，无论是身体还是意识，都会感到难以适应，主要表现是坐不住、听不进、不守纪律。

就学习情况来说，男孩的表现也较差：写字，字迹潦草；听课，注意力不集中；背诵，记忆力差；阅读，理解能力不如女孩。

虽然这不是普遍现象，可是在落后的学生中有一大部分都是男孩，而纵观男孩的学习发展历程，有很大一部分男孩在小学阶段表现并不怎么突出，但到了初中之后却仿佛茅塞顿开，各方面的表现都超过了女孩。

这又是为什么呢？

小学男孩需要更多休息

萌萌并不是一个特别淘气的男孩，但他也没有让妈妈省多少心。据老师反映，萌萌常常上课打盹、下课就来精神。

这让妈妈大惑不解。萌萌晚上上床的时间是九点，早晨起床的时间是七点，其睡眠时间大约是十个小时。按理说，十个小时对于萌萌来说足够了，可为什么他那么喜欢睡觉呢？

萌萌妈妈很担心，就带他去医院检查。医生没有发现萌萌的大脑有什么异常，就告诉萌萌妈妈，孩子会这样，是因为他的大脑发育比较慢，需要更多休息。

医生说得很含糊，萌萌妈妈以为医生的意思是，萌萌晚上睡眠的时间要更多一些。于是，回家后母子俩制订了一个睡眠计划，将上床时间定为八点，起床时间定为七点半。

萌萌没有表示反抗，可是这件事执行起来却困难重重。起初，萌萌晚上上床后翻来覆去睡不着，就偷着玩耍一会儿，被妈妈逼着睡了后，早晨却很早就醒了。

见萌萌如此，妈妈得出结论，萌萌并不是睡眠不足，而是对学习有厌倦心理。她天天对萌萌强调："你要认真听才能听到有意思的事情，如果你连听都不听，怎么知道学习没有意思呢？"

妈妈希望儿子通过听找到学习的兴趣点。萌萌感觉非常委屈，他并不是不愿意听，也并不是觉得老师上课无聊，可就是不知道为什么听着听着就打盹。而萌萌的老师对他也是无可奈何，只有当他讲到让别的孩子开怀大笑的时候，萌萌的睡意才不会那么浓，但并不是所有的知识都能让孩子听到开怀大笑啊。

由于上课总是打盹，萌萌的学习成绩非常不好，尤其数学更是一塌糊涂。没有办法，妈妈给他请了个家教。

老师是一个还没有毕业的大学生，授课时间为每天一个小时。这个大学生似乎没有什么经验，讲几道题就跟萌萌聊一会天。

萌萌妈妈有点接受不了这种上课方式，想把大学生辞掉。然而，让她没有想到的是，萌萌突然对数学产生了兴趣。

萌萌妈妈觉得特别不可思议：那个大学生的上课方式并不吸引人啊。

那么到底是什么让萌萌突然对数学产生了兴趣呢？

棒男孩教养妙招

Why：男孩的大脑发育比较缓慢。在小学阶段，完成一项任务后，他需要一定的休息时间，神经学家鲁本·古尔所称之为“睡眠状态”。只有补充能量后，男孩的大脑才会继续运转，而聊天的过程正好让萌萌的大脑有了充足的休息时间。

How：1. **不要让孩子学习时间过长。**学习时间太长，男孩就会进入昏睡状态。可以把大段的学习时间分隔成小段时间，中间允许男孩短暂休息，这样更有利于他接受新知识，也更有利于他的身体成长。

2. **允许孩子有暂时不理解的知识。**孩子的大脑发育都有一定的时间，妈妈要允许孩子暂时落后，不要一看到孩子落后就对他唠叨。

别因为男孩是学校的重点教育对象就给他施压

菲儿是我的好朋友，她是一个快乐的女子，但只要一提到儿子，她的所有快乐就会一扫而光。她会唉声叹气地说：“我和老公都挺优秀，不知道为什么，偏偏生了个不争气的儿子。”

我见过菲儿的儿子，我喜欢叫他自己起的名字 QQ（音圈圈）。他说他喜欢歌星林俊杰，人家叫 JJ，他就叫 QQ。我开始以为音是“扣扣”，他说不是，是扑克牌里的十二“圈圈”，JJ 是扑克牌里的十一。虽然名字有点奇怪，但我还是比较喜欢。

菲儿就不这样想。菲儿说：“你看看，我和老公费了两年时间，给他起了一个又文雅又有格调又吉利又有寓意的名字，叫博翔。你瞧瞧他自己起的名字，听着就带痞子味。还圈圈，咋不凯凯（扑克牌里的十三）呢？”

我觉得有点过了，孩子只不过是给自己起了一个名字，没啥大不了的，不用这么上纲上线。

菲儿说：“你不知道。在好的方面，他是事事不如人；在坏的方面，他是处处高人一等。在学校学习不好，上课竟和老师争吵。和同学的关系吧，也是今天吵明天好。每天但凡我收到的不好的信息，都是关于他的，好的信息就没有他的。”

我问菲儿：“你跟孩子说话是不是特别没好气？”

“我能有好气吗？我可是他妈，老师天天请我去学校，我回来能不给他施点压吗？可是现在我也没有办法了，我俩现在是势不两立。我说一他偏说二，我让他往东他就往西。现在只要学校找我，我就让老公去，我实在是受不了了。”

我劝菲儿：“我看你现在就是戴着有色眼镜看孩子，觉得他哪都不好。就说给自己起名字这件事吧，我觉得QQ没啥不好的。就因为借鉴了扑克牌，就不好了吗？你要是老看不到孩子的好处，那他肯定就会朝着不好的方向走。”

这个道理菲儿并非不懂，可她就是无法和儿子好好沟通。

棒男孩教养妙招

Why：男孩其实比女孩更脆弱。越是在小学阶段表现不好的男孩，所受的挫折越多。挫折感会导致应激激素水平提高，从而让男孩更容易犯错，造成恶性循环。一旦挫折升级，达到一个限度，孩子到初中后也很难有顿悟的机会了。

How：1. **不要全盘接受老师对孩子的评价。**老师对孩子的批评并非都正确。妈妈要站在孩子个人成长的角度看问题，而不要光看表面优秀与否。

2. **孩子确实表现不好，要探索内在原因。**不要只顾对孩子发火，否则只会让孩子将主要精力用来对付妈妈的唠叨和批评，而没有时间和精力去反省自己的错误。

好妈妈教养手记

男孩在子宫里时，其睾丸激素水平已经很高，出生时就相当于一个二十五岁成年人的水平。随着孩子不断长大，他的睾丸激素水平会不断下降，直到进入青春期，才又重新升高，这使得男孩与女孩大脑的发育速度不同。

对于女孩子来说，很容易适应的地方，对于男孩却很难。因此，我们会看到，小学阶段男孩的表现往往不尽如人意。我们必须认识到这一点，并给予孩子大脑慢慢发育的时间。

男孩真的比女孩粗心笨拙吗？

妈妈：你和表妹同岁，差距怎么那么大呢？你丢三落四、人家却井井有条；你笨拙迟钝，人家却精明细致。

儿子：她是女孩子，就应该那样。

解答：男孩大脑完成精细动作的区域发育比较晚，如果妈妈刻意强调男孩的缺点，限制其行为，反而会强化男孩的粗心笨拙。

在小女孩抱着洋娃娃，给它穿衣做饭“过日子”的时候，男孩们大多舞枪弄棒，“穿墙过道”地胡闹着。这就是男孩女孩的差异。

诸如此类的差距很多，特别是在小学阶段，男孩们通常丢三落四、拿东忘西。即使他有一个非常细心的妈妈，不断提醒他不要做错，他还是会错误百出，而女孩子则相对好管一些，她们往往更注重细节，看起来比男孩更懂事。

这是大脑的差异造成的吗？

粗心男孩需要感觉统合训练

朋友青岚是一名心理医生，经常免费去学校为孩子作心理辅导。她发现男孩的问题似乎比女孩子多，比如粗心、记忆力差、调皮多动、任性。

她曾经读过美国心理学家爱瑞斯的一篇论文，爱瑞斯认为，这不是教育的问题，也不是智力发育的问题，而是孩子的感觉统合机能失调了。

简单说，就是整个大脑皮层综合处理问题的能力出现了障碍。一部分大脑皮层无论是接受信息还是处理信息，都非常迅速，而另一部分则表现迟钝，跟不上节拍，于是男孩会出现粗心大意、笨拙迟钝等问题。

有一个七岁的男孩，不但粗心大意，拿东忘西，而且走路特别容易摔倒，拿东西也特别容易摔碎，看起来莽莽撞撞。男孩的妈妈并没有把这当回事，她一直认为这个孩子太笨，是典型的手脚笨拙的人。

青岚发现这位妈妈对孩子比较溺爱，害怕孩子摔坏东西，几乎凡事都替他做好。

而且她总是在旁边吓唬孩子："哎呀，这个不能动，这个容易摔碎；哎呀，那个也不能碰，那个容易伤到你。"

这不但约束了孩子的身体，还使他对周围环境产生警觉，不愿意接触任何事情，从而造成他从主观上封闭自己的各项感观。

青岚为这个孩子制订了一套计划，并和他做游戏，专门训练他的大脑协调能力。其中一个最简单的游戏就是让他剪简单的窗花。

男孩的妈妈根本就不相信这能改正他的毛病，但青岚不作任何解释，继续带他做各种游戏。

一段时间后，这个孩子居然变得细心了。青岚送给他一个细如头发丝的纸雕，让他送给妈妈。他独自一人走很远的路才到家，但交到妈妈手上时，纸雕依然完好无损，妈妈看到儿子的进步，大为惊叹。

棒男孩教养妙招

Why：孩子通过各种感觉器官来认知世界，男孩喜欢触摸，容易破坏周围的物件，如果父母限制他的行动，就容易让他患上"感觉综合机能失调症"。

How：1. 不要过多限制男孩的探索行为。任何探索都可以促进其大脑的发育。

2. 训练孩子的精细动作。尽管男孩大脑负责精细动作的区域发育比女孩晚，但训练可以让其完成精细的工作，并使之变成一个细致认真的人。

不要让“女孩的优秀”伤害了男孩

沫沫和我女儿盈盈曾是同班同学。我和沫沫的妈妈刚认识的时候，听她说的最多的话就是：“男孩就是比女孩子难管。你女儿多乖，我儿子怎么那么皮？”

这话往往都是在沫沫和盈盈面前说的。我看得出来，沫沫总是非常不高兴。尽管我一再提醒沫沫妈妈不要当着孩子的面说他不好，但她总是不以为然地说：“男孩嘛，就应该多一些摔打。”

我非常不认同这样的说法。批评打击孩子，特别是小学孩子，并不会提高其抗挫能力，男孩更是如此，他的内心比女孩更脆弱。

那天劳动课上，老师教学生学盘中国结。盈盈和一些女生很快就将中国结盘好了，而且盘得非常漂亮，而男生的中国结盘得乱七八糟。我去接盈盈的时候，正好碰到沫沫妈妈和一群孩子走过来，其中有女孩，也有男孩，女孩子哈哈笑着大声讽刺男孩笨拙。

沫沫妈妈看到我，就跟我说了劳动课的事情，说完还不忘评论：“男孩就是手脚笨。”沫沫好像非常生气，说：“你们看我的。”

说完他停下来，把书包放到地上，然后把拉链拉开，在里面翻了半天，什么都没找到。他一生气，就把书本都掏出来放到地上。

沫沫妈妈喊道：“儿子呀，你到底在干什么啊。瞧你那书包，乱七八糟的，一看就是男生的书包。”

沫沫更生气了，说：“男生，男生，男生怎么了？好像我们男生都不好。”说完沫沫从书包里掏出一个中国结放在手心让我们看。我仔细一看，那中国结虽然简单，但挺精致。

一些女孩子也不禁惊叹道：“哇，好漂亮啊，这是谁盘的？”

“谁？当然是我了。”沫沫说。

“你？谁信啊？”几个女生几乎同时说。

“当然是我了，不然怎么会在我的书包里。”

“真看不出来，我儿子还有这一手。”沫沫妈妈说。

“每次都说男生笨，男生粗心，你们这是戴着有色眼镜看人。”

棒男孩教养妙招

Why：妈妈对儿子的评价很容易影响他的行为，因为孩子的大脑在接受信息时，并不会理智分析，它只是不断强化听得多的信息，并将其变成已知依据，作为评判自己的标准。如果妈妈总是把男孩与女孩作比较，那么男孩就可能会朝着妈妈负面评价的方向发展。

How：1. **不要过于强调性别差异**。科学家研究发现，大脑在性别上的诸多差异都可以通过后期训练弥补，所以没必要过分强调。

2. **不要过多讽刺男孩**。讽刺、批评男孩做得不好，一方面会让他产生自卑感，另一方面会强化其行为，使得他更多地朝错误方向发展。

好妈妈教养手记

尽管男孩在精细动作协调方面发育得较为迟缓，但这并不表示男孩一定比女孩粗心、笨拙。在男孩小的时候，他更需要“粗放式教养”，需要更多的探索机会，也需要更多的语言鼓励，而不需要对他行为限制、讽刺和批评。

第 2 章

唠唠叨叨危害大

越唠叨，男孩越是听不到

说他，放学都不回家；不说他，他会自觉回家？

我对他那么好，他却对我这么反感，我们真的水火不容？

别看他人不大，脾气可不小，动不动就离家出走，怎么办？

啰嗦让男孩失去耐心

妈妈：我跟你说的这些话都很重要，你怎么就这么没耐心听我说完呢？

儿子：反正都是同样的话，有什么意思。

解答：因为生理结构不同，男孩时常精力无限，但耐力有限，对于反复接收的旧信息，他的敏感性会下降，在听这些话时他也会变得没有耐心。

男孩缺乏耐性，大多数妈妈认为这是生理所致。雄性激素潜伏在男孩的身体中，控制着男孩的行为，让男孩变成一个喜欢创造、喜欢破坏的“圣斗士”。这个圣斗士可以一鼓作气，但往往“再而衰三而竭”，有始无终。

教育对这种先天弱势的弥补作用很小，如果妈妈再不顾男孩的这种特性，继续在他耳边唠叨，男孩会更加缺乏耐性。

男孩需要新鲜话题

明辉是一名小学生，每天下午三点就放学了。一般而言，男孩一天最快乐的时光莫过于放学的一刹那，明辉却很讨厌放学，因为放学后唯一的去向就是家，家里等待他的只有他妈妈，妈妈准备的就只是一堆唠叨的废话。

班里有三分之二的同学都去过明辉家。他家窗明几净，每天都能享受到春暖花开的温馨，明辉的妈妈还特别会照顾人，所以同学们都羡慕他有一个好妈妈。

明辉也觉得自己的妈妈无可挑剔。她把自己照顾得无微不至，食物衣服自不必说，学习用具也一应俱全。有时，甚至不用他张口，妈妈看表情就知道他想要什么，然后会全部给他准备好。**唯一让他不高兴的是，就是妈妈会一边做一边说。**

最近妈妈又盯着他的缺点不放，她说："明子啊，你最大的缺点就是做事不能持久，这可不行，你要知道，成功总在下一个拐角处。有些事情只要你能够坚持到下一秒，就会看到另一种不同的景象，所以你要有耐心和毅力。"

妈妈说话时，总是不允许明辉插话，不管是反驳的话还是不解的话，一句都不让明辉说，这让明辉非常郁闷。

那天，明辉实在不愿意回家，就在小区里玩了一会儿。他回家时，妈妈正一脸紧张地站在电话机面前，好像跟谁说着话。一见到明辉回来，她马上放下电话跑过来问道："你去哪里了？"

明辉本来想要告诉妈妈不要天天唠叨，否则他真不想回家了。谁知妈妈还没有听他说，又开始唠叨了。她说："明子啊，你怎么不早点回来呢？你现在每天都有固定的任务，你的假性近视已经快到一百度了，你得按照医生的要求坚持使用眼保仪。如果不用，你的视力就有可能持续下降，变成真性近视……"

"别说了，我想近视怎么了？"

"唉，我说你这孩子，怎么这么不知道好歹？赶紧过来，眼贴都放好了，赶紧过来，妈妈给你戴上。"

"我不戴，我就不戴。"说着明辉把书包往地上一扔，转身回了自己的房间。

妈妈气得火冒三丈，跟着明辉跑过去，用手挡住明辉即将关上的房门，瞪着明辉说："明子，我告诉你，不要任性啊，这可是非常重要的事情，一次都不能耽误。儿子，你有点耐心好不好？""不是我没有耐心，而是你太让人烦了。"

棒男孩教养妙招

Why：越是想让孩子坚持的事情，就越不能唠叨。因为男孩不愿意每天听重复的话。妈妈每天唠叨会让孩子非常烦躁，这反而会让他更容易放弃该坚持的事情。

How：1. **学会闭嘴。**不该说的话尽量不说。你要是想让孩子记住，要么不去替他做他该做的事情，要么在他有了后悔之心时替他做。这时候孩子就会反省，就会强迫自己记住教训。

2. **不要一张嘴就是教训。**有很多话题可以跟孩子聊，为什么一张嘴就教训呢？

3. **孩子有抵触情绪时，先听听他的话，然后你再说话。**明子为什么不想坚持？这应该是妈妈最该问的话。

妈妈的唠叨中也透着不耐烦

梅钢的妈妈是我的同学，我们俩住得很近，经常见面。我们最常聊的话题是孩子的教育。

在妈妈眼里，梅钢是一个非常毛躁、没有耐心的小家伙儿。她说：“梅钢特别喜欢破坏，我家里的小型电器，他都喜欢捣鼓。每次我批评他，他都会辩解说他是要把坏电器修好，可他从来没有修好过什么东西，因为他总是半途而废。”

我非常喜欢这些敢于破坏的小男孩，因此我极力劝说梅钢妈妈，不要挫伤孩子的积极性，他在破坏，也是在创造。梅钢妈妈总是说：“不在你身边破坏，你自然是不知道。”

那天我带着女儿到梅钢家里玩，女儿一眼就看到梅钢桌子上的闹钟模型。那是一个零件都暴露在外的装置，看起来线路简单。女儿指着那个模型，对梅钢问长问短。

开始的时候，梅钢还很有耐心地一一回答着，可是不出四个问题，梅钢就烦了。他说：“你怎么这么笨啊，这么简单的事情，用用脑子就想出来了，不然动动手也能摸索出来，还用问啊？”

女儿听到这话很委屈，小嘴不由得噘起来了。梅钢妈妈马上严厉地训斥梅钢：“你怎么这么跟妹妹说话呢？你平时捣鼓这些东西没完没了，让你跟妹妹解释一下，怎么就那么没有耐心呢？”

梅钢挠了挠头，说：“你平时就是这样跟我说话的，你难道不知道吗？我弄一个闹钟，你就会对我说：‘这么简单的事情，你就在那里捣鼓个没完。你阿姨还说你天天搞创新，只有我知道你是在胡闹’。”

梅钢尖着嗓子，故意学着妈妈的腔调说话，我和女儿都被他逗笑了。梅钢妈妈有点尴尬，说：“你就贫吧，我什么时候那样过？你天天捣乱，还埋怨我批评你啊？”

“你批评我，我不埋怨你，可是你每次看到我做什么事，都特别不耐烦。你一不耐烦，我就不耐烦，还天天说我没有耐性，我看啊，这都是因为你没有耐性，所以遗传给了我。你想想，如果你能对我有点耐性，那我做得不好的时候，你能支持我一下，我不就能坚持下去吗？”

“嘿，难道你身上的毛病都是我造成的？”

棒男孩教养妙招

Why：如果妈妈喜欢在男孩做事的时候唠叨，就会让他无法集中注意力，如果妈妈唠叨的时候表现出不耐烦，那么男孩会更加烦躁，对自己更没有信心。这样，男孩做事难免半途而废。

How：1. 不要无视或阻止孩子反抗。孩子的反抗里总能找到你需要改变的地方，甚至可能从中找到你以后进行教育的方法。比如，梅钢就告诉妈妈：你和我说话不要不耐烦。

2. 别对孩子表现出不耐烦。大多数的唠叨里，都带着不耐烦的情绪。

好妈妈教养手记

虽然唠叨不是导致男孩缺乏耐心的唯一原因，但唠叨总是会成为男孩不能坚持下去的导火索。所以，作为妈妈，一定要学会什么地方该说，什么地方不该说。越是重要的话，越要找到合适的机会，越要说得恰到好处，越要说得简洁明快。

说得越多男孩越反感

妈妈：真是忠言逆耳，为啥我越是这样警告你，你就非得那样做不可呢？我和你有仇吗？

儿子：我和你没有仇，我和你的话有仇！

解答：不断唠叨同样的事情，总会让人产生反感，因为唠叨传递的是不宽容，是责怪，是批评。

我常听到一些父母这样说：现在的孩子叛逆心理出现得特别早，小小年纪，就对父母的话产生排斥感。你越是强调不要那样去做，他就越是固执地这样做。真不知道这些孩子到底是怎么了，是什么让他们有这么强烈的叛逆心理？

一些人认为，孩子们有这样强烈的叛逆心理，是因为他们所能接受到的信息比以前多多了。电视、电脑、多媒体的出现，使得铺天盖地的信息以迅雷不及掩耳之势向孩子涌来。孩子们懂得多了，回头再看父母所传递的信息时，心态就不一样了，所以他们很容易产生叛逆心理，父母说得越多，他们反抗越强烈。

有一些父母，尤其是妈妈，为了不使孩子遭受不良信息的干扰，就不断向孩子灌输各种信息，在孩子耳边唠叨个不停。结果不但没有把孩子拽到自己认为好的方向上，反而使孩子离自己越来越远。

唠叨过多，孩子会反感

学军和妈妈之间的关系特别僵，可他只有 9 岁，离青春叛逆期还有些距离，这让妈妈大惑不解。她总是跟人抱怨说 ：“这不可能啊，他这么小，我对他又那么好，他为什么对我那么反感？好像和我有什么深仇大恨似的！你说我冤不冤啊？”

为了和学军搞好关系，学军妈妈还真是没少费心思。她找来一个心理咨询师朋友，让她和自己的儿子沟通一下。妈妈对朋友说 ：“你就跟我儿子说，你妈妈那么辛苦，她为了什么啊？还不是为了你。可是现在你对她那么反感，她有多伤心啊。”

咨询师朋友笑了，说 ：“你要真是想要让我和学军沟通，就不要控制我，更不要强迫我对他说这些话。”

学军妈妈很不理解，说 ：“唉，你是我朋友吗？你是来帮助我的吗？我怎么看着不像啊？”

“我当然是来帮助你的，而且我要解决根本问题，而不是表面问题。我相信刚才你对我说的这些话，平时跟孩子肯定说得特别多，对不对？”“是，你知道的，他不听我的话，我真的很寒心，我必须让他知道。这孩子，他知道什么啊，你不告诉他，他不知道你的辛苦！”

“你的心思我理解，可是你知道吗？也许孩子在前一秒钟还被你的辛苦感动着，你一唠叨，他的那些感动就荡然无存了。你唠叨一句，他的感动消失了 ；你唠叨两句，他会对你产生反感 ；你唠叨三句，他的反感就会加深一层。”

“哦，是这样啊。可我要是不说，他能知道吗？其实我就是想让他知道我很爱他，我希望他也爱我。”

“这个其实很简单。我相信你看过很多孩子的作文，在她们的作文里，父母所做的让孩子感动的事情一般都是不起眼的小事情。”

“别说小事情，自从学军出生，关于他的大事小情哪个不是我给他处理好的？”

“我的意思是，你只要去做就好，不用唠叨。你做了，不管大事小事孩子都会看在眼里。你说了，孩子反倒嫌你啰唆。”

棒男孩教养妙招

Why：心理学上有一个“超限效应”，就是说刺激过多、过强或作用时间过长，很容易引起人们极度烦躁或逆反的心理。男孩注意力集中的时间本来就很短，如果妈妈在孩子已经疲惫的时候，还继续唠叨，他自然会反感。

How：1. **不要过分强调你对孩子如何好。**母子之间的感情不是“强调”出来的。

2. **别为孩子做太多。**要想让他学会感恩，就该让他知道什么都不是轻易可以得到的。

3. **和孩子像朋友一样沟通。**把孩子当成你的知心朋友，这样你就不会说出让孩子反感的话来。

唠叨越多，传递的负面能量越多

青云是一个还算听话的男孩，凡是妈妈交代的，他莫不认真遵从。

有一天，几个要好的同学商量着周末出去玩。青云也很想去，但他害怕被妈妈拒绝。

同学们知道他的苦恼后纷纷给他出主意。有的说使用撒娇法，男孩不撒娇则罢，一撒娇肯定能赢；有的说使用条件交换法，只要妈妈答应这个条件，就可以答应妈妈的一个条件；还有的说使用赞美法，女人都喜欢赞美，把妈妈赞得高兴了，你说什么她都会答应……

别看这都是些少不更事的小学生，可是他们的鬼点子还真是不亚于职场上老谋深算的精英。青云一边听一边笑，虽然有些忐忑，但他还是决定试试。青云的第一招当然是赞美法。妈妈买了一个新包，他马上说：“妈妈，这个包买得好，您背着特别有气质……”

妈妈到底是过来人，一眼就看穿了青云的心思，她斜着眼睛看看儿子，说道：“你这么小的年纪就学会拍马屁了。是不是在外面闯祸了？我可告诉你，你要是闯祸，拍马屁也没用。”

青云见妈妈揭穿了自己的“阴谋”，尴尬地笑着说：“没拍，就是觉得好嘛。

妈妈，我觉得您很爱我，在我身上浪费了那么多时光，我想要帮您做点事，不知道您需要我做点什么？”

“行了，小子，别忘了我是你妈妈。你呀，眉头一皱我就知道你要用什么计。说吧，是不是又需要钱了？这个月，我给你的零花钱可不少啊，难道这么快就花完了？这可不行啊，我给你零花钱可不是让你浪费的。我容许你活得自由一点，但我不容许你活得太奢侈。”

“您看我瞎买过东西吗？”

“我怎么知道？你和我在一起的时间有限。每天放学，你都和同学们大玩特玩，实际上我对你的了解越来越少了，我感觉你变得越来越陌生。有时候我会很担心，特别是你有事不直接跟我说时，我就有不祥的预感。”“好吧，妈妈，我跟您说，我想周末和好朋友一起出去玩。”青云听妈妈这样说，索性直接跟她摊牌。

妈妈一听脸色就变了，马上说：“我就知道你在耍心眼。我就不明白，我是你妈妈，你有事为啥不能直接跟我说，还这样拐弯抹角的？说吧，还有什么事瞒着我。我是一个很民主的妈妈，我希望我的儿子对我坦诚。”青云有些不耐烦了，说：“就是周末出去玩，你要不愿意就算了。”

“怎么？怕我说别的事情？我可跟你说，在你这个年纪最容易犯错误了，自以为自己懂事了，实际上什么都不懂。别人稍一怂恿，你就开始动小心思。”“够了，我不去了还不行啊？”

棒男孩教养妙招

Why：废话三分毒！唠叨越多毒性就越大。废话里往往掺杂着妈妈的各种情绪以及各种无端的猜测，还表现出对儿子的指责、不信任。这些都是伤害母子关系的毒药。

How：1. 认真倾听儿子的话。他说话的时候，不管你是否看出他的小心思，都不要插嘴。

2. 不要用自己的心思去揣度儿子。在没有确定儿子的真实想法之前，不要无端猜测。

3. 顺着儿子的想法去想，顺着他的说法去说。即使儿子真的有点小心思，你也应该理解。他之所以会对妈妈要小心思，是因为觉得妈妈无法和自己站在一条线上。

好妈妈教养手记

作为妈妈，管教孩子时都会使出一个撒手锏，那就是“爱孩子”。在关爱和呵护下长大的孩子，大多数都很听从妈妈的话，但唠叨二字会把“锏”直接抹掉，变成“杀手”。妈妈的唠叨可能会亲手毁掉美好的亲子关系。

越唠叨，孩子越无能

妈妈：关于整理书包、摆放物品的事情，我跟你说多少遍了，你为什么就是记不住呢？

儿子：我就是做好了，你也认为我没有做好，还要再唠叨一遍，再做一遍，那我何苦学呢？

解答：如果妈妈总帮孩子做，做完后还要唠叨，或者每次在孩子做完，不给予鼓励而是继续唠叨，指出这不好那不好，孩子肯定会变得更不爱好好做事。

妈妈们唠叨的本意，肯定是要让孩子变得越来越好。男孩记不住的，千叮咛万嘱咐，让他记住；男孩想不到的，提醒着警告着，让他牢记；男孩做错的，分析了解剖了，让他自省……可事实怎样呢？

越是重复唠叨的话语，男孩们就越是记不清楚；越是不断警告的话语，男孩们就越是漫不经心；越是分析解剖的问题，男孩就越是迷茫不懂……似乎妈妈为他们敞开了一扇大门，而他们却一头扎进了陷阱。

这到底是为什么呢？

唠叨，重点不突出，孩子记不住

邻居家妹妹娟子，有一个五岁的儿子，叫呱呱。这个名字的寓意很清楚，就是想让孩子做什么都顶呱呱。呱呱是一个特别聪明活泼的小家伙，长得胖嘟嘟的，每次见到我，离得很远就开始张着小手，大声喊着“阿姨”向我跑过来。

当我抱起他时，他就会跟我说个没完。

呱呱的话很多，远到出去的路上看到什么，近到家中的厨房里新买了什么，亲到妈妈今天又说了什么，疏到素不相识的陌生人做了什么。

我听到最多的就是他转述妈妈的话，他说："我妈妈说：'今天的袜子一定要穿蓝色的。被子要放在床上，椅子里的棉被要卷起来……"

娟子一直皱着眉头听着，听到这里终于忍不住了，打断说："呱呱，你的这些话是听谁说的？这可不是我的话啊。"

"就是妈妈说的。妈妈说：'袜子一定要穿蓝色的，椅子里的棉被要卷起来……"

我好奇地问道："你家棉被干嘛要放在椅子上？"

"对啊，被子都是折叠起来放在柜子里的。怎么会放在椅子上呢？"娟子也大惑不解。

"我也不知道，可妈妈就是这样说的。我很奇怪，所以就记住了。"呱呱很无辜地瞪着两只大眼睛说，这让我也很疑惑。

我看了娟子一眼，娟子也看了我一眼。她显得很迷茫，说道："这孩子满脑子糨糊，我怎么可能说出这样的话呢？我就不明白，这个年纪的孩子记性不是特别好吗？可我跟他说的话他十有八九记不住，倒是一些乱七八糟的事情他记得挺好。"

呱呱没有反驳，他早已经把注意力放在了我的袖扣上了。他用手使劲抠着那枚扣子，仔细地观察它。

娟子看着呱呱又说："你看，咱们说得多热闹，他根本就没有听到，他是想啥时候听就啥时候听。"

"呵呵，呱呱太聪明了。他这是有选择地听，从你说的话里选出几个词重新组织句子。"我说。

"对，就是这样。"呱呱忽然插话说。我和娟子又对看了一眼，不禁笑起来。

棒男孩教养妙招

Why：男孩不喜欢听重复枯燥的话语。妈妈说得越多，孩子听得就越少，而且他会不断转移注意力。妈妈唠叨的话里那些非常重要的东西，反而得不到男孩的重视。

How：1. 特别重要的话，要说得少而郑重。郑重地说是让孩子重视起来，少说便于孩子记忆。

2. 在培养孩子习惯时，需要有更多的方法。妈妈们在培养孩子习惯时最喜欢使用唠叨的方式，但这个方法，其实最不管用。

唠叨会让孩子情绪沮丧

小闹钟是一个特别机警的男孩，虽然只有几岁，但他睡觉特别警醒，尤其当出差的爸爸要回来更是如此，即使半夜只要听见一点声音，他就会一骨碌翻身坐起来。

小闹钟的妈妈总是又心疼又骄傲，她说："我这个小家伙，一点也不像个迟钝的男孩，倒像是细心的女孩子，他上学从来没有因为不起床而迟到过。"

说实话，我对小闹钟这样敏感并不看好。我始终觉得这是他没有安全感的表现，但我不知道该怎么跟小闹钟的妈妈说这个问题。

那天听说小闹钟离家出走了，我吓了一跳，就打电话过去问情况。接电话的是小闹钟的妈妈，她说小闹钟已经安全回家了。

我安慰她说："小孩子总要耍点小脾气，好好和他沟通一下，他没有了心事，也就不再离家出走。"

小闹钟的妈妈苦笑了一下，说："这孩子，我现在越来越看不懂了。我不过就是说了他几句，他就受不了了，就是平常日子，做妈妈的也会唠叨儿子几句。他现在才九岁就离家出走，以后路这么长，我得天天提心吊胆的了。"

我听到这里，就把我的担心说给小闹钟的妈妈听："你家孩子有点敏感，特别缺乏安全感。你说的话对他的影响特别大。你唠叨得越多，他受伤就越严重。

以他的性格，我觉得他不会觉得你不好，反而会觉得自己非常不好，不适合做你的儿子。”

小闹钟的妈妈从来没有听过这样的话，她有点吃惊，问道："我的儿子就是敏感。以前我也批评过他，他似乎有些沉闷，可是我总是觉得，孩子的缺点应该让他知道，你说对吗？”

“说当然是应该说的，可是我看孩子的心还没有坚强到什么批评都能承受的地步，而且批评得多鼓励得少，孩子就会只记住坏的一面，难免沮丧。你以后得少一点唠叨，多一点鼓励和支持才行。”

棒男孩教养妙招

Why：大多数妈妈都以为男孩的承受能力比女孩子强。实际上，大家都高估了男孩的承受能力。男孩听到的负面评价越多，他受到的伤害就越多，对于没有感受到爱，没有建立起安全感的男孩来说，他的自卑感就会越强，而自卑感会束缚男孩的成长。

How：1. **少批评男孩。**男孩更需要鼓励。

2. **告诉孩子缺点的同时，要告诉他改变的方法。**如果你没教给他方法，那么孩子就看不到希望。他只能认识到自己的不好，却不知道该如何努力。

好妈妈教养手记

很多妈妈不相信：不就是多说几句话吗？难道就能让孩子变得无能？实际上，这真的不是夸大其词。仔细分析，妈妈唠叨的那些话，不但有批评、抱怨、指责，还有不信任、不屑等很多负面信息，负面信息越多，男孩越容易受伤。所以，唠叨会让男孩变得无能，一点都不假。

过多指责，他会不负责

妈妈：你是一个男孩，最不应该吊儿郎当！你要是没有责任心，以后你的路就难走了。

儿子：我担心什么，反正我负不了的责任，还有你呢！

解答：妈妈唠叨得越多，孩子反抗心越强，沮丧越多，也会变得越胆小，越不愿意承担责任。如果妈妈一边唠叨，还一边替男孩承担他应负的责任，那问题就更严重了。

有担当是男孩最应该具备的品质之一。因此，在教育男孩时，妈妈们都非常注重这一点，但唠叨教不出有担当的男孩。培养责任心需要很多教育技巧，绝不是几句简单的唠叨、提醒就能做到的。

如果你因为担心而不断提醒他，他就会无意识地依赖你的担心，而不会主动培养自己的责任心；如果你的唠叨里包含过多的负面信息，他就会非常自卑，不认为自己有承担责任的能力；如果你用不信任的姿态唠叨，他就会产生反抗心理，就会做一个没有责任心的孩子。

妈妈以男孩为生活重心，男孩往往没有责任心

小续是一个性格沉闷的北京男孩。他的爸爸小学没有毕业，性格比较内向，而他的妈妈玲子是一个特别要强的外地人。玲子和丈夫很恩爱，但对丈夫的软弱和无能非常沮丧。她虽然从来没有表示过对丈夫的嫌弃，但经常会向别人提起丈

夫的软弱，特别在说到自己的困境时。

在教育小续的时候，玲子总是说："你爸爸什么样，你肯定比我更清楚。如果你想像爸爸一样窝囊，你就不要听我的话。如果你想要出人头地，你就要听我的，我让你怎样做，你就得怎样做。"

我非常理解玲子，但我不明白她为啥给自己的儿子起名叫小续。当然这还是题外话，我更不理解的是，她为啥要在儿子面前强调丈夫的无能。小续刚上小学，就被老师认为是跟不上的孩子。小续的记忆力差、注意力也很难集中，他虽然并不捣乱，却总是无法融入老师的课堂。

玲子一听老师反映的情况，觉得问题很严重。那时候，她自己开了一个小型服装店，专门定做制服和表演服装。和老师聊过之后，她马上就放弃了自己的服装店，专心辅导小续。可是没了重要的经济来源，家里的负担一下子重了。玲子变得很烦躁，但辅导小续仍是一丝不苟。玲子的学历不高，但是很能吃苦。每天她都要带着小续做作业，不光是看着他做，自己也跟着做。

我去玲子家时，最常看到的一幕就是玲子在那里讲得唾沫横飞，而小续低着头漠不关心的样子。玲子很生气地轻打他一巴掌，然后说："你给我老实听着，你难道就不知道你的情况吗？你怎么就不着急呢？我都快急死了，你不知道我为什么放弃那么好的工作来照顾你吗？你希望将来也像爸爸一样吗？"

玲子经常会在小续面前唠叨，希望他能做一个有出息的男孩，能看得到自己生活的困境，能有信心有毅力改变自己的生活。**然而她总是一边唠叨，一边帮孩子安排一切**。我跟玲子说："你这样做，孩子永远会把这些事当成你的事。同时，他总是会觉得自己无能为力。"玲子则说："是啊，孩子还小，不能撒手不管呀。"她根本就不懂我的意思。

有一天玲子生病住院，连续三天小续都自己做作业，可每天他都要做到深夜，即使这样他的作业还是错误百出。那之后，玲子才有点明白我说的话了。

棒男孩教养妙招

Why：当妈妈把生活的重心全部放在孩子身上时，她会把孩子身上所有的优点、缺点都放大，同时还会把生活的压力转嫁给孩子。如果此时妈妈一边唠叨一边又帮助孩子做事，孩子就会认为不管多么糟糕，反正有妈妈为自己承担。

How：1. **不要在孩子面前提到爸爸的无能。**这样做可能会让他知道，美好生活需要自己奋斗，可当他遇到更大的苦难时，会用爸爸无能作为自己无法解决问题的借口。

2. **生活的负担，不要一股脑儿呈现给孩子。**生活的负担会让男孩感觉疲惫。在还没有开始奋斗的时候就产生了疲惫感，这是很糟糕的一件事。

3. **不要每天安排督促孩子的学习。**学习是孩子自己的事情，妈妈越是帮助他，他就越是无法把这当成自己的责任。

过多指责，使得男孩故意不负责

小智在学校里又闯祸了，老师跟小智的妈妈描述说：大家在操场上跑步，操场上有一个小水坑，大家都绕着走。小智和后面的同学打闹，没有看见，一脚踩到了水坑边。旁边有一个女生停下来提醒他，后面的人看也没看就朝她冲过来，眼看她要掉进水坑。小智一扭身闪开了，而那个女生结结实实扑进了水坑里。

那个女生气极了，大声责备小智。谁知小智却说：“你这人真奇怪！知道提醒别人却不会提醒自己，真是当局者迷。”

女生一生气，就把这件事告诉了老师。老师听后问小智：“她那么好心提醒你，你就是扶她一下也好啊。作为一个男子汉，连这点承担都没有吗？”

小智说：“她是班长，只有她做得比别人好，哪有别人比她做得好的道理。”老师听了这话，更生气了，就原原本本把这些话都告诉给了小智的妈妈。小智的妈妈也很生气，决定回家好好训斥一下小智。当妈妈严肃地问起这件事的时候，小智倒是很坦率。他说：“实话跟您说吧，我当时就是想看她的笑话。”

“你怎么能这样呢？你这问题严重啦。首先，你一点感恩心都没有，这是一个人的基本品质，人家好心提醒你，你却这么对她，我都怀疑你以后会怎么样对我；其次，她是你的同学，你眼看着她要掉进水坑，怎么着也该扶她一把啊。”

“要是别人我肯定扶，但她是班长，我绝对不能去扶。”

“为什么？我听老师反映说，这个班长平时特别负责任，班里每一个同学的事她都挂在心上。就说你有几次交作业忘记写名字，都是人家提醒你。你还跟我说过这事呢！怎么就跟她这么大仇呢？”

“我不恨她，就是觉得她很能干，不需要我。”

“这话好没道理，我看你就是想推卸责任。作为一个男子汉，你怎么这么小肚鸡肠，还这么好使坏？你使坏也就罢了，还给自己找一大堆借口。你听听像话吗？人家平时好，所以就不帮助人家？”

“好吧，你说我使坏，那我就使坏了，你说怎么着吧？”

“你这是什么态度？你就这么跟妈妈说话吗？”

“是你想让我这么跟你说话啊！”

棒男孩教养妙招

Why：小智没有良心吗？如果没有良心，就不会跟妈妈说班长提醒自己写名字的事情了。其实小智之所以不愿意帮助班长，是因为觉得班长太强势。男生在强势女生面前，总有一种英雄气短的情结，而妈妈的唠叨、质问、总结，会让小智那种男子汉情结受挫。这最终导致小智直接承认自己不负责任，不是男子汉。

How：1. **妈妈不要过多诋毁男孩。**在男孩眼中，妈妈是女性代表，妈妈对他的诋毁越多，他的男性自尊受挫就越严重，于是他会对女性既恨又怕，久而久之，难免出现“耍赖皮”的现象。

2. **孩子做错事后，一定要找出真实原因。**千万不要想当然，更不要胡乱评价孩子。

3. **不要用“不负责任”这样的话评价男孩。**这样的话说多了，孩子会给自己贴一个负面的标签：我就是不负责任的人。

好妈妈教养手记

让男孩树立责任心，是一个重大的工程，任何一点小错误都可能让他产生逃避心理。作为妈妈，一定要看到男孩想独立、想负责、想成为男子汉的心理，并不断鼓励他。多给他一些自由，让他有更多的机会发展自我，即使他做错了，也千万不要唠叨个没完，否则会适得其反。

妈妈提醒多，男孩犯错多

妈妈：我就不明白，你的脑子到底去了哪里？起床我得提醒你；戴红领巾、穿校服我得提醒你；老师要求带的学习用品，也得我天天提醒你。

儿子：反正有你提醒，我不想着也没事！

解答：妈妈的唠叨提醒，开始时对孩子会有所帮助，但提醒多了，孩子会产生依赖心理，不愿费心去记该记住的事情。

一些“没心没肺”、拿东忘西的女性，在成为妈妈之后，也会变得细心起来，特别是孩子的事情，更是思虑周密，不愿意让孩子因为自己而受一点苦。妈妈就是这样伟大，但这伟大对于造就伟大来说，未尝不是障碍。

很多妈妈可能会忘记拿自己的文件，却绝不会忘记提醒孩子天冷加衣、天热减衣，如果是男孩，妈妈的提醒会更多。从养育开始，妈妈们就会用“粗心”定义男孩，哪怕有时男孩只是忘了一两件微不足道的小事，妈妈们也会把这当成是他的特点。为了帮助孩子，妈妈们会天天惦记着他那点事并不断提醒他……

孩子该记住的事情不要提醒他

维维班级里要举办一次演讲比赛，他是评委之一。他很兴奋，回家就把这件事告诉了妈妈。妈妈一听，抱着他在脑门上亲了一下，说：“我儿子就是棒。”

维维更高兴了，说要回房间准备一下，然后蹦跳着走了。妈妈看着维维的样子特别惬意、特别满意、特别甜蜜，不禁哼起歌来。

不一会儿，出差的爸爸回来了。维维一听到爸爸的声音，马上就从房间里窜出来扑到爸爸的怀里说：“爸爸，我可想死你了。”然后又问爸爸：“给我带什么礼物了？”

爸爸说：“在包里，你自己找吧。”维维马上奔向爸爸的提包。

妈妈满面笑容地告诉爸爸维维当上了演讲比赛的评委。爸爸也很高兴，赞扬了一句。维维哪里听得见，他正在摆弄着爸爸给他带回来的玩具枪。

妈妈一看维维玩得沉迷的样子，赶紧问道：“维维，你不是说要准备明天的演讲比赛吗？可不能耽误啊！”

维维满不在乎地说：“没事，做评委很容易的，就是制订几条标准，我都想好了。我又不是参赛者，用不着准备那么多。”

妈妈一听，马上正色道：“事情可不像你想的那么简单，越是看着容易的事情门道就越多，要不然所有的同学都可以做评委了，你得好好准备才行。”

“那你说我还准备什么？”

“啊，这个啊，我也说不好，你问问爸爸。”

爸爸想了想，说：“主要还是标准。你看啊，你得知道一些专业的东西，还得知道演讲的内容，要有一个明确的观点。我也不是专业人士，所以你还得查查资料，作更多的准备。”

“那好吧，我上网去查查资料。”维维说。

“去吧，一会再玩。”

“我想再玩一会可以吗？”

看着儿子可怜巴巴的神情，妈妈有些不忍心，只好点头答应了。得到妈妈的允许，维维玩得就更加投入。妈妈和爸爸要谈些事情，也就任由维维自己去玩了。

爸爸和妈妈谈了很久，他们出来时，看到维维还在客厅里玩。妈妈急了，说：“维维，你不是说玩一会就去准备吗？怎么还在这里玩啊？”

维维这才想起来，赶紧放下手中的玩具枪，准备回房间。可是走了两步，他又转回身来拿玩具枪，还可怜巴巴地对妈妈说：“妈妈，我作的准备够充分了，你让我再玩一会吧。”

妈妈严肃地说："不行，我告诉过你了，你必须去作准备。上次带同学们出去玩，要不是我提醒你带水带吃的，还要带药，你们那天就得乱套。听妈妈的话，准备充分一点永远没有错。"

在妈妈的强烈要求下，维维只好依依不舍地和玩具枪告别，到房间去了。大约十几分钟后维维就跑出来，大声对妈妈说："我准备好了，再让我玩一会吧。"

"这么快？你是不是马马虎虎就结束了？我可告诉你啊，越是马虎，你明天出洋相的机会就越大。"

"你放心吧，我准备好了。妈妈就再让我玩一会吧。"

"不行，该上床睡觉了。"

"就不能让我多玩一会吗？就今天一天，求求你了，妈妈。"

"不行，你必须按时上床睡觉，否则你睡眠不足，会影响明天的精神状态。"

维维大哭起来，和妈妈闹了一会儿。爸爸替维维求情，但妈妈不为所动。维维看着妈妈恨恨地说："等你不在的时候，我要玩到很晚很晚才睡。"

棒男孩教养妙招

Why：妈妈的要求，对于孩子来说都是正确的，也是应该的，如果这不是孩子自愿的，那么他就会觉得这是一种束缚，会有抵触情绪，即使本该记住的也不会去记。同时，如果妈妈提醒得越多，孩子的依赖心理就会越强，就不会主动完善自我。

How：1. **可以提醒孩子如何作准备，甚至帮助孩子找一些资料。**因为孩子是第一次当评委，他需要一个方向。

2. **何时上床睡觉，让孩子自己来定。**让孩子自己定下时间，这有助于他自我提醒。

3. **孩子没有定力时，妈妈可以让自然结果来惩罚孩子。**这个我们后面会介绍，简单说，就是让孩子直接认识到作为或不作为的错误，这样孩子才能自我完善。

儿子越不听的事，妈妈提醒得越多

笑笑的舅舅曾经因为交友不慎而犯过大错，因此，笑笑的妈妈一直把交朋友作为重点教育项目，并对笑笑严加管教。

妈妈在交友上对笑笑有三点要求：第一，不能跟女孩子深交；第二，性格不健全的不能深交；第三，不爱学习的不能深交。

其实笑笑只有十来岁，他交的朋友都是能玩到一块的，因此对于妈妈的千叮咛万嘱咐，他根本就不知道是什么意思。

当然，第一条笑笑还是蛮明白的。他想：女生嘛，不能深交就不交。这些女生个个清高自傲，把自己看成公主，谁愿意和她们交朋友啊。

至于性格不健全、不爱学习，笑笑不明所以，也不想理解。他想：谁性格不健全了？谁爱学习呀？

因为笑笑很少带同学回家，假期也是妈妈带着笑笑去亲戚朋友家玩，这些家庭的孩子，个个都顶呱呱，因此，笑笑妈妈一时也无从就这三点原则进行指导。

一天，笑笑放学碰见一个外班的女生，那个女生问他一道题目。女生上课的时候被妈妈叫走了，没有听到，所以要询问一下结果。

笑笑很高兴，课堂上他是唯一答对这道题的人，因此笑笑一本正经地跟女生讲解起来。笑笑说得神采飞扬，可是女生听得一头雾水。笑笑看女生如此，就停下来从书包里翻出书和笔趴在书包上，准备给女生详细讲解。

这时女生看到笑笑文具盒里有一个小巧的夜光瓶，就要笑笑给她看。笑笑很潇洒地说："给你了。"女生高兴地跳了起来，说："太好了，谢谢。"

女生拿过瓶子，从书包里翻出一个折叠得非常漂亮的星星递给笑笑，说："作为答谢，这个给你。"笑笑虽然不喜欢星星，但还是欣然接受了。

这一幕，被来接笑笑的妈妈看在了眼里，她开始忐忑起来。回家后她就絮絮叨叨对笑笑旁敲侧击，说什么女生就是不可靠，总是喜欢在男生面前撒娇，还说一个男生要想做点大事，就不能有一个不着调的女朋友。

笑笑根本没有听出妈妈的本意，妈妈急了，干脆直接说："我跟你说过，不能和女生交往。"

“我没和女生交往啊？”

“今天那个女生是怎么回事？”

“我们没有交往啊，她只是问我一道题。我总不能不和女生说话吧？”

“我看见你给她一个小瓶子，她给你一个星星。”

“这也算啊！”

棒男孩教养妙招

Why：笑笑并不是故意要违背妈妈的教导，他只是没有明确的界限，不知道妈妈所说原则中的深层含义。如果孩子不懂，继续犯错的可能性就很大。如果妈妈只是反复提她所谓的原则，而不给孩子解释，那么孩子就会继续犯错，并且认为妈妈不可理喻，进而和妈妈产生矛盾。

How：1. **给孩子提要求要明确。**用孩子听得懂的话告诉他，不要用孩子根本听不懂的原则去要求他。

2. **孩子不听话，要了解原因，不要不断重复你的规定。**了解原因，才能解决问题，不断强调，只会让孩子越来越反感。

好妈妈教养手记

在该提醒的时候提醒孩子。如果事事替孩子考虑，每天都要提醒他应该做的，警告他不应该做的，他就会产生依赖心理，妈妈可能更加觉得训斥教导很重要，结果恶性循环，造成男孩对妈妈畸形的依赖。男孩的自觉性被彻底毁掉后，最终会成为妈妈唠叨提醒的牺牲品。

责备会扼杀他的男子汉气概

妈妈：儿子，你是一个男孩，我不指望你做什么英雄，但最起码你让我看到你的雄心壮志好不好？

儿子：你从来就没有看好我，你总是把我所说的雄心壮志当成胡思乱想，我对你所说的雄心壮志一点都不感兴趣。

解答：培养孩子的男子汉气概，应让他凡事自己做主，给予他支持、鼓励。如果妈妈总是唠叨，那么他又怎能建立起男子汉气概呢？

和责任感一样，培养男子汉气概也十分重要。作为妈妈，对培养儿子的男子汉气概这件事，总是感到束手无策，更多妈妈会告诉儿子："你是男孩，得有点胸怀，有点气势，得能担当，得……你看你，嘟嘟囔囔，这肯定是不行的；如此软弱，这会让人看不起的；小肚鸡肠，以后怎么在社会上立足啊……"

这样的指导，伴随着带有偏颇的评价，形形色色、不一而足。对男孩来说，听着这些评价就已经够让人沮丧的了。

妈妈越强，男孩就越弱

凯凯的妈妈是一个小企业主，在地方上小有名气。凯凯的爸爸则是叱咤风云的外交官。

凯凯出生时，很多人都说："有这样优秀的父母，这孩子将来肯定很优秀。"

虽是恭维的话，但是凯凯的妈妈笃定凯凯将来肯定会大有作为。她坚信一点：

我们家境好，只要我们不溺爱他，严格要求他，肯定会让他出人头地。

在这样的思想意识下，凯凯妈妈施行的是严厉教育。从凯凯出生开始，她就用小本本为凯凯规划人生。

一个本本记录的是凯凯成长状况，比如，身高、体重、牙齿以及思想状态，或者趣味童言。

一个本本记录凯凯的趣味爱好，比如，凯凯是否很专注地倾听美妙的音乐，或者凯凯在跳跃时是否表现出很好的弹跳力……

一个本本记录的是学习状况。比如，没有入学前的咿呀学语、入学后的各项成绩。

一个本本记录的是凯凯的自我评价。小时候他总是写：凯凯最棒。可是自从上了小学三年级之后，凯凯对自己的评价就变了，很多地方没有语言，只画了一张哭丧的小脸表达他当时的心情。

还有许多本本有的记载凯凯的花销状况，有的记载两代人对凯凯的规划以及凯凯自己对未来的规划。每一个小本本尽管是最简单的记录本，也需要花费一定时间。而凯凯的妈妈呢，又坚持要凯凯和自己一起记录、一起评价、一起讨论。

为此，凯凯非常烦躁。第一，总是占用凯凯玩耍的时间。如果凯凯反对，妈妈就会说："你不想成为优秀的精英吗？我警告你，你要么跟着我，认真做这些事情，要么就放纵自己，最后变得一无是处。"第二，凯凯不喜欢妈妈说话的语气。每次抱起这些小本本，妈妈就会变得特别严肃，让凯凯觉得自己好像犯了大错，每次都得想想自己是否做错了什么。第三，凯凯觉得自己活得特别累。因为有小本本"记录在案"，他平时说话做事都不敢放开，总是害怕被妈妈教训。

在这件事上，母子二人经常会产生分歧。可是妈妈的招数繁多，不是用大气势镇压，就是用小温柔捕获，要么就用近在眼前的事例训诫，每次还没等凯凯转过神来，就被妈妈强迫说服。

别问凯凯现在怎么样，我相信不用我说你也该知道，他变得有点软弱。

棒男孩教养妙招

Why：如果妈妈说话总是高高在上，孩子就只能卑微到尘埃里去了。如果妈妈总是显得很强势，男孩必然会把自己置于弱势地位。

How：1. 用平等的语气和孩子说话。没有尊重，男子汉气概又从何而来。

2. 不要为了孩子的成长而剥夺他的快乐。对于孩子来说，只有快乐才会顺利成长，可是当下很多妈妈，总是会用各种任务给孩子施压。孩子束手束脚，又怎能有男子汉胸怀？

3. 不要给孩子太多的压力。不要以为男孩就应该什么都扛，压力太大，超过限度，孩子反倒会变得软弱。

做错事时，男孩更需要鼓励

认识小石头的人都觉得他是一个“蔫坏”的孩子。他不像一般的男孩那样大声喧哗、大大咧咧、大打出手、他总是坐在某个角落里，要么忽然之间冒出一句让人吃惊的话，要么做出一件让人心惊胆战的事情来。

有一次，小石头跟着妈妈去阿姨家里玩。姨父在研究一幅古字画，正拿着放大镜细细查看着。小石头看到姨父这样很是好奇，就站在旁边也认真地观看起来。

可是这幅字画实在没有什么意思，上面只画了几朵梅花，它们稀稀拉拉地分布在纸上。

他趴在近处看也没有看出什么来，又站到远处端详，也没发现什么特别，他又伸出舌头去舔。他的舌头还没触碰到字画，就被姨父挡住了。姨父一本正经地说：“别胡闹。”

小石头羞赧地一笑，缩到一边不再动了。这时电话铃响了，姨父起身去接电话，走了两步又回过身对小石头说：“不要动，千万不要动。”

小石头定定地看着姨父没有说话。姨父走了，小石头真的就站得远远的不敢靠近。可姨父的这个电话打的时间太长了。小石头竖着耳朵听着，姨父好像已经挂断电话，他长出一口气，等着姨父出来继续看字画。姨父走了两步，拿了什么东西，又去电话机旁拿起话筒说起来。

小石头有些心焦了，他忍不住凑近画卷边，用手触摸了一下字画的边缘。没有什么特别的感觉，他干脆把手放在字画上，压着画上下抚摩。

小石头感觉某个地方有一些硬硬的东西。他的好奇心更重了，就双手并用，抠掉外面的一层，字画露出一块黑黑的脏东西。

就在这时姨父出来了，一眼看见字画被抠了一个洞，不禁心痛地大叫："小石头，你是想要姨父的命吗？"

这一声喊把小石头的妈妈和阿姨都喊出来了。妈妈一看小石头又闯祸了，气急败坏，冲过来对着小石头就是一个耳光，并大声喝问道："你手怎么这么贱呢？你不知道这字画值多少钱啊？我看你真是活得不耐烦了，我看你拿什么赔偿？"

说完妈妈又伸手来打小石头。尽管阿姨拦住了妈妈，可阿姨也很生气，她说："小石头啊，不是阿姨说你，你说你怎么就这么坏呢？你可知道你姨父为了这字画费了多少心血，这回全完了。"

妈妈听了更是生气，又伸手打了小石头。小石头的脑门结结实实挨了一掌，他的眼泪一下子就流出来了。妈妈还不解气，大声说："我听说现在的器官非常紧缺，我要是还不上你姨父的这幅字画，就把你卖到医院，卖了你所有的器官偿还债务。"

小石头一听更害怕了。他抹了一把眼泪，挣扎开阿姨的怀抱跑了。那一天，妈妈、阿姨、姨父找了很久才找到小石头，他正躲在墙角哆嗦。

棒男孩教养妙招

Why：男孩破坏是在学习和探索，但由于年少无知，难免会闯祸。在孩子闯祸时吓唬他，他就会变得胆小、懦弱。

How：1. 不要打孩子。据调查，男孩被打骂的概率远远高于女孩子，这是因为大多数家长都认为男孩过于淘气、不听话，但打男孩容易伤害他的自尊。

2. **不要恐吓男孩。**男孩做错事情的时候最恐慌，此时的他最需要安慰，恐吓只会让他怕上加怕。

3. **孩子做错事后，帮他一起想办法弥补。**只有让孩子学会更多解决问题的办法，将来他才会聪慧并更具男子汉气概。

好妈妈教养手记

男子汉气概是一个抽象的概念，它体现出一个男性有胸怀、能担当、勇敢坚强等诸多优秀品质。培养男孩的男子汉气概，首先要让孩子发现自己，认清自己，并能够主动完善自己。因此，不能用强势姿态和语言来伤害孩子的自尊，更不能唠叨，特别是孩子做错时，要明确惩罚的目的不是伤害孩子，而是要让孩子记住教训。

絮絮叨叨，亲子关系更糟糕

妈妈：我事事为你好，为你操心，就是唠叨点你也应该理解呀，可你为什么拿我当仇人？

儿子：你说你为我好，我怎么没感觉出来呢，我唯一的感觉就是，你肯定不是我亲妈！

解答：亲子关系的建立，需要通过沟通来完成，如果沟通出现问题，亲子关系自然不会好到哪里去。唠叨不是沟通，是倾倒，是一厢情愿的沟通。

亲子关系是教育的基础。再好的教育方法如果没有温暖信赖的关系，也难以付诸实践，因此培养良好的亲子关系格外重要。在培养亲子关系中，沟通非常重要，但是大多数妈妈使用的沟通方法，都是重复说教。

尤其是男孩，犯错误的次数比女孩多，妈妈总是苦口婆心、谆谆教导，把那无尽的金玉良言，说给顽劣调皮的男孩听。可过多的重复不但不会让男孩感受到温暖、警示，反而会让他产生厌烦，总想反抗。

为什么会这样呢？

只唠叨，不沟通，男孩怎能和你处得好？

“糖糖”是一个小男孩的小名。在父母的眼里，他总是能给他们带来甜蜜幸福，但那只是小时候。糖糖六岁后，父母的幸福指数急转直下，而甜蜜也慢慢变酸，最后竟然转化成了苦。

六岁那年，妈妈有一次说糖糖："吃饭前，怎么老是记不住洗手呢？不洗手就不让吃饭！"糖糖马上说："这又不是你家的饭！你说不让吃，我就不能吃！这也是我家的饭！"

糖糖妈妈根本就没有想到糖糖会这样说话，先是一愣，几秒钟后沉下脸说道："你怎么跟妈妈说话呢？要是没有我，你哪有家？你现在还没长大呢，就觉得自己翅膀硬了？居然和妈妈这样说话！"

糖糖很不服气，噘着嘴嘟嘟囔囔地说："就不是你的家，这是我爸爸的家！"

"没有我只有你爸爸，也不会有你！知道吗？再说就是有你没有我，你看看你和爸爸能吃上热乎饭吗？"

"咋吃不上！我们去饭店吃！"

这是什么话！糖糖妈妈气坏了，眼圈红了，眼泪差点下来。她义愤填膺地说："你真让我寒心！我怎么会养出你这样的白眼狼呢？你一点都不知道做妈妈的多辛苦把你抚养成人！让你洗个手就这样跟我说话。我看你真是没有良心！也怪我，居然把你惯成这个样子！行了，你也别洗手了，我今天要是让你吃饭，你就不知道你到底做了什么！"

说完就把糖糖推到客厅的角落里站着。看到妈妈又凶又气的样子，糖糖终于害怕了，他哭着向妈妈低头认错。

糖糖妈妈虽然原谅了糖糖，但这之后她时常会对糖糖提起这件事，而且每次说的时候，不是吧嗒吧嗒掉眼泪，就是指着糖糖的脑门子，说："你要长大没良心，我以后就不会对你好。"

说得多了，糖糖越来越反感，尽管他默不言声，但心里却像打翻了的五味瓶。有一次，不知道糖糖怎么惹了妈妈，她又如泣如诉。糖糖忍无可忍，喝道："我就是个不孝子，行。既然你都这么说了，我还能怎样？"

妈妈听糖糖这样说，觉得自己做得有点过分了，缓和了一下口气，说："不是妈妈这样说你，你要知道妈妈带你有多辛苦，你不能辜负了妈妈的一片苦心。"

妈妈说完抱了抱糖糖。糖糖一声不吭地避开了妈妈的怀抱，只是冷漠地看着妈妈。

棒男孩教养妙招

Why：糖糖之所以会说出那些看似大逆不道的话，实际上只是一时的气愤，他在表达反抗，这并不能说明其品质恶劣。其实在说出这样的话之后，妈妈落泪伤心的样子已经让糖糖有所醒悟。可是之后，妈妈应该让孩子反省，而不应该继续唠叨，让他产生烦躁心理。持续的重复评价，只会让孩子走向相反的方向。

How：1. **允许孩子表达反抗。**在男孩的成长中，反抗占据着非常重要的地位，即使是错误的反抗，对他来说，也可能是一种正确的成长。

2. **认真倾听孩子的话。**这一点至关重要，后面会有详细描述。

3. **不要重复提及孩子曾经说错的话。**特别是在孩子有所悔改之后，更不能揪住不放，否则只会适得其反。

“碎碎念”里包含了多少世界的不美好?

彬彬一直很喜欢疼爱自己的妈妈，可最近他经常做一个噩梦，在这个梦里，总有一个陌生的看不见脸的女子冲过来，要拥抱他，还说是他的妈妈。

彬彬经常被这样的梦吓醒。每次吓醒后，他都大声喊妈妈，让在另一个房间里的妈妈过来陪伴自己。

彬彬的叫喊总是让熟睡的妈妈吓一大跳。每次，她都是光着脚丫冲进彬彬的房间里，灯也顾不得开就扑到床边，摸索着把孩子揽入怀里。

这时候彬彬会撒娇似的哭诉刚才的梦境，而妈妈一边流泪一边抚摸彬彬一边又安慰着他。等到爸爸过来把门打开时，母子俩已经哭成了一团。这一幕总是让爸爸觉得很无奈：“不就是一个噩梦吗？有什么大不了的？你还和孩子一起哭？”

听到爸爸这样说，彬彬总是从妈妈怀里仰起头来，伸出小手反抱住妈妈，说：“妈妈最疼我了。”

妈妈一边亲吻彬彬一边拍打着哄他入睡。

但这样的梦越来越多了，爸爸腻烦起来，而妈妈也不像原来那样拥抱彬彬了，就连彬彬自己，做梦的时候都会有这样的意识：这个人不是我的妈妈，我只不过是想用这个梦来叫醒我妈妈！

这是一件很奇怪的事情，似乎毫无逻辑，只是孩子想得到更多母爱的一种撒娇的方式，但这恰恰又说明了问题。彬彬在自己的作文里透露了其中原因。

课堂上，老师留了一篇《我想对某某说》的作文。彬彬马上拟题《我想对妈妈说》，然后不假思索、一口气写了下去。他写道：

妈妈，我越来越看不懂你，特别是你给人送礼的那套哲学，还有职场上你玩的那套心术。这些话是你和爸爸说的，你可能认为我不懂，我的确不懂，可我不是不懂你所说的，我是不懂你。

妈妈，你到底是怎么了呢？

棒男孩教养妙招

Why：孩子的心灵有着本真的纯美，随着渐渐长大，他会发现世界有很多不美好的东西。如果妈妈的唠叨让世界的不美好显得更加突出，孩子不但会对这个世界产生疑惑，对妈妈也连带着产生怀疑。如果此时妈妈不和儿子解释清楚，消除孩子的心结，就会破坏亲子关系。

How：1. **解读孩子的梦。**梦是心境的反应，当孩子持续做同样一个梦，一个和妈妈有关的梦时，妈妈就要警醒，仔细想想孩子为什么会做这个梦。

2. **要关注男孩最缠人时刻的心境。**男孩缠人往往是远离妈妈的先兆。孩子小的时候，不觉得自己能够建立属于自己的世界，他会特别依赖父母，特别是对他关注最多的妈妈。如果此时妈妈让他觉得世界出了差错，他会选择远离妈妈，建立自己的世界。

3. **关于成人世界的负面信息，尽量少说给没长大的孩子听。**在孩子不足以理解世界时，不要掀开世界的面纱。

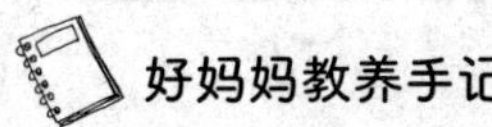

好妈妈教养手记

“妈妈准备了一些唠叨……”这是让人温暖的歌曲《常回家看看》里面的歌词。在这里唠叨就是温暖的代名词，可是在孩子的成长过程中，唠叨绝对不能扮演教育的角色，因为唠叨只会让孩子产生抵触情绪，错误的唠叨，还会让亲子关系断裂。当温暖的话语，成了寒心的唠叨，当爱的表达，成了恨的形式，那该是多么的悲催！

第3章

为什么妈妈总是忍不住唠叨？

唠叨是正向心，但没多少正能量

今天喜欢捏泥巴，明天喜欢说相声，什么时候喜欢读书就好了。

在学校惹是生非，回到家调皮捣蛋，为什么从来不学好？

一刻不管，下一刻就犯错，我不多说能行吗？

为什么男孩一定要得第一？

妈妈：未来的竞争这么激烈，我不想方设法把你培养成人才，就是对你不负责任。

儿子：人才是干嘛的？我不想当可以吗？

解答：妈妈通常会用唠叨的形式表达对男孩的期望，而妈妈的期望越高，孩子的差错越多，妈妈的唠叨就会更多，最后形成恶性循环。

不管是生活艰难的妈妈，还是春风得意的妈妈，当孩子出生时，都会对他寄予厚望，要么希望孩子是一个天才，少年得志，意气风发；要么希望孩子努力奋斗，笨鸟先飞，入林趁早。

妈妈们通常会想：我的孩子不能平庸，哪怕他现在愚鲁稚拙，我也会通过我的不懈努力，让孩子成长为一代栋梁，出有宝马、入有豪宅、左拥右戴、粉丝成群。虽然没有调查过，但我敢说，没有一个妈妈不愿意自己的儿子将来出仕入相，但孩子一定要成为精英吗？

别让你的期望压垮男孩

张扬是一个有点“仙气”的孩子，为什么这么说呢？他平时上课表现并不怎么突出，甚至还被老师认为有点顽劣。可是他特别会猜题，每次临考前，他都会猜中很多题目。

从考试成绩来看，张扬是一个很不错的学生。一直以来，妈妈对张扬还算是满意，尽管她总是说“还得更进步一点才行”，但母子俩基本上没有因为学习而起过冲突。

当然，这是在妈妈没和老师沟通的情况下才有效。开完第一场家长会后，张扬的屁股恐怕就得受点苦了！因为老师说：“张扬学习特别不着调，显得特别浮躁，基础知识不牢。”

开始，张扬的妈妈没有在意，她想成绩能说明一切啊。可是检查过张扬的几次作业后，妈妈心慌了，这可不是一般的浮躁啊。数学五道计算题，他错两道半；英语作业基本靠蒙；语文阅读，完全靠不着边际。

这让本来对张扬并没有过多奢望的妈妈火了，下达了“改变令”。她对儿子说：“我今天算明白一个道理，我越是对你放松，你就越是不能成功。从今天开始，我要严格监督你。你给我记住，你必须时时刻刻拔尖挑头。我绝不容许你荒废这宝贵的少年时光。”

改变令下达以后，妈妈果然作出了调整。她每天陪在张扬身边的时间一下子延长了很多。张扬每天回来，她都会让张扬当着她的面复习一遍当天学习的内容，然后才可以做作业。

爸爸听完后，狡黠地笑着冲张扬说：“你的苦日子来了。”张扬不以为然。他想，身边多一个能帮助自己复习的人，也不算是坏事。可很快他就发现爸爸是有远见卓识的。

妈妈有一套独特的“紧箍咒”，**这套“紧箍咒”并没有神奇的咒语，但却有着华丽的语言外衣。**不管张扬是否犯错，只要妈妈一怒，念起这套“紧箍咒”来，张扬就头疼不已：

“我敢相信，总有一天你会站在世界之巅，你有着超群脱俗的能力。你身上的闪光点，我在你同龄的小朋友中，还从来没有看到过。不过，你要是现在不努力，不听妈妈的话，你的天赋就会白白被浪费。”

“你知道伟人是怎么成为伟人的吗？你翻开历史看一看，凡是伟人，必须吃得了‘钻心莲’的苦，必须练得了‘磨成针’的杵。你现在正是该练杵的时候，也正是吃苦的时候。”

"你出生的时候就和别人与众不同。我相信总有一天，你会大放异彩。为了这一天早一点到来，我必须让你提前作好准备。如果你做不好准备，那么这一天来的时候，你也会错过机会。"

无疑，这些优美的句子，一开始听来是温暖的，充满励志精神的。有那么一段时间，它也的确让张扬振奋了一下。可是妈妈说得多了，他就开始厌倦了。

尤其当张扬发现自己各方面表现都差强人意时，就更沮丧了。妈妈没有看到儿子的沮丧，继续念她的"紧箍咒"，结果自然失算了。

棒男孩教养妙招

Why：鼓励赞扬的话，的确能让孩子上进。一些妈妈会像张扬的妈妈一样，用鼓励赞扬来激励孩子上进，让他变得优秀，更优秀，再优秀。但这种鼓励赞扬多了，对孩子也是一种压迫，特别是当你用鼓励赞扬来强迫孩子按照你设计的人生方向行走的时候，尽管它披着华丽的外衣，也很快就会让孩子嗅出背后的压力。

How：1. **不要给孩子制定过高的目标。**即使你对孩子抱很高的期望，也不要告诉他，以免他有心理负担。

2. **不要虚夸孩子。**比如，你真棒，你出生的时候就与众不同。要针对男孩具体的行为给予赞扬。

3. **在孩子沮丧的时候，不要赞扬他。**孩子沮丧，说明他不自信，这时候的赞扬无疑会让他对自己产生认知冲突。

男孩天赋在此，何必他处强求

五岁的时候，宁宁遇到了外公的一个朋友，从他那里宁宁学会了陶艺，自此一发不可收拾。他学着制作陶土作品，还央求妈妈买来制作陶艺的工具。

宁宁的陶艺作品越来越成熟，不但获得各种比赛的奖项，还被多个电视栏目采访。宁宁的妈妈也很高兴，坚决支持宁宁对陶艺的一切选择。

可好景不长，宁宁上小学之后，妈妈对陶艺的关心就慢慢淡了。特别是知道他学习不好后，妈妈对陶艺简直深恶痛绝。妈妈忍了三年，有意无意地减少宁宁制作陶艺的时间。宁宁上了四年级后，妈妈和宁宁进行了一场严肃的谈话。

妈妈告诉宁宁：以后除了周末、假期，其他时间严禁玩陶艺。陶艺是宁宁的挚爱，妈妈的这个决定等于伤害了他的心肝。他当时就哭了，央求妈妈改变决定。

妈妈毫不动摇，说："儿子，你要知道，陶艺只是闲来没事的玩具，你要想以后有时间玩陶艺，现在就要放弃一些玩陶艺的时间，好好学习。只要将来功成名就，你想怎么玩都是你的自由。"

这话对小孩子来说很难懂，宁宁想不明白，为什么非要放弃。妈妈开始唠叨开了：以你现在的水平，玩陶艺只能玩出几个简单的造型，因为你不懂美术和数学，就不懂艺术，要想玩好陶艺，现在必须好好学习。你看，学好语文有助于你欣赏美，学好数学有助于你图形设计，学好英语为你将来把陶艺玩到外国作准备。

宁宁还是听不懂，他无法把陶艺和语文、数学、英语联系起来，他只觉得痛苦，就像痛失珍宝一样。可是他也没有别的办法，因为妈妈说：现在痛苦只是暂时的，而将来痛苦才是一辈子。

妈妈是成人，她这么说一定是有道理的。尽管非常不情愿，宁宁也还是听从了妈妈的意见。

在妈妈的唠叨下，宁宁放弃了陶艺，将时间都花在学习上，但他的成绩时好时坏，心情也是阴晴不定。更可怕的是，妈妈在唠叨中逐渐发现了他的心结，就和他约定：只要是期中期末的考试成绩不理想，就要远离陶艺半年。宁宁彻底绝望了。

上高中后，宁宁的沮丧情绪更甚，学习成绩还是没有起色，而他对陶艺的那份痴迷，也淡了。

棒男孩教养妙招

Why：相比成绩好的孩子，有某种爱好的孩子更会成为妈妈唠叨的对象。爱好再有意义，只要跟“前途”无关，都会被妈妈认为是不务正业。然而妈妈的唠叨以及错误的指导，往往会毁掉一个真正的俊才。

How：1. **多学习是没错，但别毁了孩子的爱好。**尽管宁宁妈妈是把学习和爱好联系起来了，却是用减少陶艺时间来惩罚孩子。孩子是有感情的，在情感上难以接受，又怎能好好学习呢?

2. **别让孩子放弃曾经痴迷的爱好。**因为这爱好里面有助他学习的成分。

好妈妈教养手记

并不是所有妈妈的目标，都是把孩子培养成俊才，可是在经历学校的历练，特别是在老师的耳提面命，或者家长的互相攀比中，妈妈们就会有一种想把儿子培养成俊才的强烈愿望。为了这个愿望，妈妈会不断提醒、告诫、要求孩子放弃那些看似与学习无关的兴趣爱好，转而投入学习。儿子的行为与妈妈的愿望相隔越远，妈妈就越想把孩子拉回“正路”上来。实际上，什么才是“正路”？什么叫俊才？不是俊才的孩子，他的生活就一定不幸福吗？如果把这些都想明白了，我相信我们的唠叨会减少很多。

事事都能做好，还是孩子吗？

妈妈：我对你的要求并不高，我只是希望你学习好、积极向上、身体棒、意志力强，为什么你就不能让我满意呢？

儿子：您这还叫要求不高啊？

解答：凡事都想让孩子做好，必然会对孩子唠唠叨叨，但是孩子毕竟是孩子，他只有在错误百出中才会茁壮成长。

很多妈妈都会犯这样的错误：尽管自己不是一个完美的人，尽管自己会“打碎碗碟”，可就是看不得孩子“打碎碗碟”。

郭德纲有个相声是这样说的：儿子，你今年八岁。爸爸像你这个年纪时已经九岁了。你听后肯定会觉得滑稽而哈哈大笑，可回头再想，我们站在成人的角度看孩子，是不是觉得我们总是比孩子高一等？哪怕同样是八岁，我们也觉得自己已经九岁了。

给孩子一段改变的时间

小健是个男生，别说舞枪弄棒，他就连平时的运动都鲜少参加。每次上体育课小健就感觉末日来临了。小健的爸爸很看不惯这一点，常常说要每天带着小健跑步，可是他太忙了，安排好的计划常常被公事扰乱。小健不用祈祷也能如愿以偿，自然是兴奋不已。

妈妈也很忙，但她意识到不能放纵小健，就把这个重任揽了下来。每天早晨，她总是挣扎着起来，带着小健去跑步。

这下可苦了小健。他每天都像受难一样哭丧着脸一步一挨地拖拉着，似走似跑。妈妈看到小健无精打采的样子非常生气，就骂道："你就不能精神点？看看你像什么样子？我就没见过跑步跑得这么难看的人！"小健委屈极了，他已经气喘吁吁，上气不接下气，还得听妈妈的唠叨，真是痛苦不堪。他索性坐在地上不起来了。

妈妈更生气了，走过来说："你就这么没有志气，我还没让你做什么啊？就是让你跑个步，至于这样吗？要是让你担个重任，你还不得砸了锅啊！"

小健喘息着说："我太累了，呼……呼……您就不能容我……呼……喘个气吗？我的要求……呼……不过分吧！""我又没让你跑马拉松，也没给你无法承担的运动量，你就受不了了？真是没出息！你看看你还叫跑吗？人家走也比你快啊！就这还喘成这样，还怪我说你啊？"

虽然妈妈说得有一定道理，可是小健就是生气，他闷不吭声坐在那里一动不动。妈妈更生气了，抬高了音量，说道："你难道不知道吗？我是牺牲了自己的睡眠时间来陪你跑的！我一天少睡两小时，精神就少一倍，我的工作效率就会下降不少，可是为了你我甘愿牺牲。你看你，真是让我失望。"

这时候有一个晨练的老者，手里拿着一个空竹慢慢走过来。他看到坐在地上的小健不禁笑了，问道："小家伙，很累是不是？今天是第一天吧？"小健抬头看了老者一眼，还是没有吭声。妈妈苦笑着对老者说："这孩子就是这样，一点苦都吃不了！"

老者说："别这么说，你别看他现在这样，说不定将来是个体育健将。"

小健和妈妈都笑了，他们都不相信老者的话。妈妈说："大爷，您就别安慰他了。我从来不指望他成为体育健将，只要体育过关，我就满足了。"

"嘿，话不能这么说。我小时候天天在鬼门关前徘徊。我家就常住着一名医生，那医生说我要是能活过十岁，就是天赐的恩惠。可是后来，我跟着一位武术教练练习武术，我开始跑步的时候，比这小伙子差远了，后来我就一天比一天强壮，一天比一天健康。你们看我现在都八十岁了，身体还这么硬朗。小伙子，你愿不愿意跟着我一起跑步啊？”小健一听“噌”地站起来说：“我愿意。”

棒男孩教养妙招

Why：开始一项艰难的任务时，孩子难免会处处碰壁，随着困难增多，他的信心和意志力都会降低。如果和自己的期望相差太远，妈妈往往无法接受落差，会不停唠叨，可这样做孩子会变得更糟糕。

How：1. **不管孩子多糟糕，都要接纳他。**不管他相不相信，你首先得相信，他会有一个慢慢变好的过程。

2. **孩子越糟糕，越不能唠叨。**此时他需要的是鼓励，是增强信心的话语。

不必强求男孩成为全才

乐乐是一个语文天才，七岁时他为刚出生的弟弟写了一首诗，轰动一方，在之后的语文学习中更是如鱼得水，同学们都称赞他“才华四射”。

成语是一个赞誉性的成语，但同学们使用这个词却另有用意。“四射”主要是指四个方面：语文、英语、历史、政治，至于其他方面，特别是数理化，他简直就是一个白痴。不说物理经常不及格，也不说化学实验根本做不来，就说数学，简单的买卖计算他也错得一塌糊涂。

同学们都说要是让他去商场买东西，必须得提前帮他算好，否则他可能会把自己赔掉。

其实乐乐小的时候并没有这么糟糕，数学成绩虽然从来没有领先过，可也不至于落后太多，只是与他的语文成绩相比，差得简直不是一点半点。

正是有了语文的比较，数学的落后才显得更加刺眼。妈妈自然无法容忍这种现象，决定帮助乐乐补习数学。

妈妈没有什么特别的教学方法，就是帮乐乐多复习多记忆多做练习题。让妈妈无法接受的是，乐乐不但对数字不敏感，还特别马虎。明明一个很清晰的小数点，他却视而不见，可是同样大小的东西，放在语文上，变成标点符号，乐乐就会看得清清楚楚。妈妈总是说："我真不明白，你的脑子到底是咋长的？你在数学上多下点功夫行不行？你这么偏科会影响考大学的，考不上大学，文采再好，恐怕也没有用。"

"那我就做韩寒，韩寒数学成绩也不好。"

"不是每一个有文采的人都能成为韩寒。现在的文人越来越不值钱，如果你将来没有韩寒的机遇，文采再好，也注定被埋没。所以从现在开始，你得把在文学方面的兴趣往数学方面转一转。"

妈妈说的话不无道理，乐乐并非不明白，也不是不想提高数学成绩，可是不知道为什么，妈妈说得越多，他在数学上越努力，分数反而越少。

棒男孩教养妙招

Why：乐乐妈妈的考虑是周到的，大多数孩子的发展轨迹都在沿着学校教育之路走，相信其他的妈妈遇到这种情况也会唠叨不止。但对于一个对数学不敏感的孩子来说，过分强调数学的重要性，会让他产生压力，反而不利于提高数学成绩。

How：1. 不要过多唠叨一定要学好数学。你唯一能说的，应该是数学的趣味性。

2. 为孩子找找学习数学的方法。如果你真想帮助孩子，那么就多做一点，少说一些。

3. 允许孩子在某些方面落后。在他实在无能为力时，也要支持他，鼓励他。

好妈妈教养手记

很多妈妈之所以会唠叨，就是觉得不说教，就无法体现出妈妈这个角色所承担的教育意义。说教最重要的时机自然是孩子做不好的时候，但此时他最不需要的就是唠叨，他们需要的是改变的方法以及经验积累的时间。如果你能看到这一点，我相信不管你的儿子现在处于什么样的境地，你都不会用唠叨去烦扰他。

他为什么一定要按你的想法做？

妈妈： 我给你定的规矩不多啊，就那么几条，你怎么就老想着反抗呢？你别忘了，我是你妈，你不听我的听谁的？

儿子： 我真希望我出生就当长辈。

解答： 孩子的确要学会遵守规则，但妈妈绝不是规矩的化身，不要凡事都让孩子听你的。

虽然很多妈妈并不承认，她们在孩子面前扮演的角色是一个规矩的制订者和监督者，但在实际生活中，很多妈妈就是这样做的。如果儿子不听话，她们就会觉得很伤心，觉得自己还需要找出更多的方法让孩子变得听话。

妈妈们之所以这样做有两个原因：第一，她们认为孩子不守规矩，就无法在社会上独立生存；第二，她们认为自己在社会上打拼这么久，自然懂得哪些规矩该遵守。

从这里我们可以看出，妈妈想当然地把自己当成了最懂规矩的人，如果这位妈妈还有一点传统的家长意识，规矩就会更多，更不近人情。

不要事无巨细地给男孩立规矩

华章因病辞职，自此做起了专职妈妈，在家里照顾儿子小冰。整天守着妈妈，小冰自然特别高兴，每天早晨醒来都会大喊一声妈妈，然后冲到妈妈的卧室或者厨房、书房。

可是很快小冰的这股热乎劲就凉了下来，对妈妈的感情也迅速淡了，原因很简单，就是妈妈的规则太多了。

早晨起来第一件事，必须上厕所；第二件事，必须喝杯水。喝水对小冰来说是个难事，他不渴到极致不想喝水；而上厕所就更是难题一桩，没有喝进去的，怎么会有尿出来的呢？可这些在妈妈那都不算问题，妈妈唯一看重的就是他听不听话，去厕所尿不出来没关系，你蹲也得蹲几分钟。

如果这些还能忍受的话，限制饮食和玩具就完全让他不能接受了。小冰不喜欢吃胡萝卜，可妈妈说："不行，胡萝卜里有胡萝卜素，对眼睛特别好，不吃不行。"小冰喜欢吃冰激凌，可妈妈说："不行，那东西对身体一点好处都没有，吃了只会让你长胖。"

经过最初几天的反抗后，小冰终于因小不敌败下阵来。他开始体会到，妈妈不但是一个规则的制定者，还是一个规则的坚决执行者。他要想在这个家里好好生活下去，就必须服从妈妈的意志，好好听妈妈的话。

别看小冰是小孩，可是小孩也会耍小聪明。不是说第一件事是上厕所吗？他起床后就跑进厕所把门一关，然后拿个大刷牙杯接满水，哗哗往马桶里一倒，一边倒一边嘟囔着："飞流直下三千尺。"

开始，妈妈毫无察觉，还以为小冰终于学乖了，听话了，可小孩毕竟是小孩，怎敌得过大人。

有一天妈妈终于听见小冰接水的声音，然后就是大声的"哗哗"响，那声音听起来是从很高的地方落下的。的确，小冰正高举着牙杯一边笑一边倒水。妈妈赶紧敲门，小冰拿着牙杯就来开门。妈妈一看就知道，小冰在捣鬼，她生气了，质问小冰："你怎么可以这样骗妈妈呢？"

小冰害怕了，低着头站在那里。这时候爸爸进来了，爸爸问怎么了，妈妈原原本本把事情讲给爸爸听。爸爸一听笑了，说："你这些规矩太过了。"小冰一听来劲了，马上说："爸爸，我尿不出尿！"

妈妈一听瞪着眼说："你给我闭嘴。我让你尿尿，是培养你的生物钟，等你生物钟固定下来了，就会尿出来了。"爸爸连忙阻止妈妈说："千万别，你这样培养不出孩子的生物钟，倒能把孩子培养成植物人。再这样下去，孩子以后可能就废了。”

棒男孩教养妙招

Why：小冰妈妈自然有她的道理，她很想培养孩子良好的习惯，可是事无巨细地给孩子立规矩，非把孩子培养成一个“格子人”不可。一个男孩，如果凡事都立个条条框框，他还怎么独立，怎么会有创新能力呢？

How：1. **规矩不要太多。**规矩越多，唠叨越多，孩子的反抗越多，问题就越多。

2. **不要想当然地给孩子立规矩。**在给孩子立规矩的时候，一定要争取孩子爸爸和孩子本人的同意，或者可以参考其他有经验的家长的意见。

让男孩理解你的规矩

凌凌和妈妈一起看《笑傲江湖》。令狐冲不愿意到任我行手下做事，任我行就想杀掉令狐冲。凌凌大惑不解，他问妈妈：“为什么他非要杀掉令狐冲？”妈妈回答说：“他要是不杀掉令狐冲就会有危险，因为令狐冲的武功很高。”凌凌眨了眨眼睛，说道：“哦，要是到了他手下呢？”妈妈白了凌凌一眼，意思是这还用问。

凌凌不依不饶，继续问道：“是不是到了他手下，什么都得听他的？即使做了错事也得听他的，就像令狐冲对自己的师傅岳不群似的？”

“可不是吗？岳不群咋当上武林盟主的？不就是因为令狐冲听从师傅的安排吗？他要是不听他师傅的，岳不群就不会祸害武林了！”

“这可是你说的，听从一个坏蛋的话就会危害武林！”凌凌狡黠地笑着说。“你小子又在打什么主意？你想说什么就痛快说，别拐弯抹角的。我咋感觉你给我设了个陷阱呢？”妈妈问道。

“当然不是陷阱，我就是突然明白并不是权威都是对的，所以权威人士的话，也不一定非得听从。”**“那是，打破权威你才能创新，才能走得更远。”**“哦，妈妈，我问您一个问题。您以前天天跟我说要做一个听话的孩子。您还说‘不听老人言吃亏在眼前’，那您不是和岳不群差不多了吗？”“你个臭小子，原来你在这等着我呢！怎么？我让你听话还有错了？你感觉委屈了？你想想，你刚学会走路的时候，我在你身边，告诉你千万不要走到马路中间去，这话你是不是得听？你学习总是很粗心，我就得提醒你最容易出错的地方，这话你是不是得听？”

“那是，可是还有别的情况啊。我每天穿什么衣服，您也让我听您的。您根本就不知道有些衣服穿起来特别热，我一天都很难受。还有您总是让我学习一定要名列前茅，如果我有一次成绩不好，您就会训斥我……”

“原来给你解答问题就是为了控诉我。凭良心说，我让你听我的话是有道理的，我可不是一个特别专制的妈妈。”

“那是您觉得。那天我就到同学家玩了一会，回来您就训斥我，还严格要求我，不再让我去别人家！你知道我们同学都说我什么吗？说我是一个娇宝贝！我是一个男生，你知道这话对我是多大的侮辱啊？”说到这里凌凌的眼圈都红了，声音也哽咽了。妈妈心里一惊，搂着儿子说道：“妈妈当时特别生气，因为你们这些男孩特别淘气，去别人家净捣乱。我就想等你大一点，知道什么事不能做了，才让你去别人家玩。”

“你要是老这么看我，那我永远长不大了。”妈妈说不出话来了……

棒男孩教养妙招

Why：妈妈不给孩子讲明道理，规则对孩子就是疑问和压力。这种规则越多，孩子受的束缚就越多，孩子的独立性就越弱，同时，各方面潜能的发展，都会受到限制。

How：1. **立规矩前，给孩子讲一下简单的道理。**讲道理不是唠叨，所以一定要用最简练的语言。

2. **告诉孩子立规矩的初衷。**这样孩子会知道规矩不是妈妈的化身，也不会疏远妈妈。

好妈妈教养手记

大多数妈妈制订的规则,都是经过严密思考的,也是有一定道理的,但这并不表示这样的规则对孩子就是好的。制订规则的原则，不应该是维护自己的权威，而应该是为孩子好，并要让孩子感受到对他的好。当你把这个放在首要位置时，你制订的规则就容易让男孩接受，这样你唠叨的概率也会低很多。

你的经验对孩子一定有用吗？

妈妈：这是我的经验，你就听老妈的，准没错。

儿子：你总是让我听你的，错了你也有理由解释，可你错了，倒霉的是我！

解答：成人总是认为自己的经验对孩子的成长非常有帮助，因此，妈妈对儿子的唠叨也就容易理解了，但经验总是在一定的环境中才有效，你的经验对孩子来说未必有效。

走过人生几十年，风风雨雨、坎坎坷坷，不论是人格上的洗礼还是性格上的历练，都让我们觉得我们已经深谙世事，特别是在幼稚单纯的孩子面前，我们的形象在自我感知下变得非常高大。

我们会把经验浓缩成最经典的话语讲给孩子听，我们的目的，无非是想让孩子尽量少走弯路，这是我们最大的愿望。当然，我们的潜意识里也有一点小私心，那就是用经验来装扮自己的权威形象。这都没有错，但问题是你的经验对孩子真的有用吗？

船王的孩子，永远成不了船王

小飞的妈妈开了一家宠物医院，虽称不上门庭若市，可也是生意红火。小飞很喜欢到妈妈的医院去玩，耳闻目睹了很多宠物病。

有一次，小飞家养的小狗病了，懒洋洋地趴在地上，就连平时最喜欢吃的骨头也引不起它的兴趣了。

小飞马上给妈妈打电话。妈妈问狗有什么病症，比如狗的身体温度高不高，眼角和鼻端是否有黏液。小飞一边拿着电话，一边仔细查看，认真汇报给妈妈听。妈妈听完后心里有了谱，就告诉小飞，去房间柜子里拿药箱取药，给狗服下去。小飞依言而行。

小狗吃完药后继续趴在那里，这让小飞有点沮丧，但没到一盏茶的功夫，小狗就起来了，又像原来一样活蹦乱跳。小飞高兴极了，马上给妈妈打电话："妈妈，我把小狗的病治好了。"妈妈一听也很高兴，连连夸赞小飞。

这事以后，小飞经常缠着妈妈，问一些动物疾病的问题和治疗方法。妈妈倒是很喜欢，不管多忙，只要条件允许，就给小飞讲解一些动物疾病知识。小飞听得津津有味，有时候连连点头，有时候陷入沉思。妈妈一看他那个样子乐不可支，就问道："儿子，你是在思考还是在记忆啊？"小飞说："双管齐下。"

看到小飞如此好学，妈妈自是满心欢喜，时不时就和儿子分享自己的专业知识。为了让小飞尽快学会，妈妈特意用通俗易懂的语言给他讲解，同时还把自己几十年的治疗经验，说给儿子听。

小飞十二岁那年，有一个同学的妈妈想给猫做节育手术，小飞知道后马上跟那个同学说："这个好办，我来做，你不知道吗？我妈妈是宠物医院的医生。"看到同学半信半疑，小飞又说："哎呀，你放心吧，我听我妈妈说的最多的话，就是关于宠物病的，再说我以前在医院帮我妈妈做过。"见小飞信心满满，他的同学决定把猫抱来。

小飞也不敢大意，于是故意装作漫不经心的样子问妈妈猫的节育手术怎么做，应该用什么工具，有什么步骤，手术过程会出现什么问题等。

妈妈还是一如既认真详细地跟小飞说了一遍，一边说还一边强调某些细节问题。小飞非常认真，还不忘拿笔记录。妈妈上班后，小飞马上给同学打电话，然后认真准备手术用具。

手术很快就开始了。拿起手术刀的一刹那，小飞忽然紧张起来，手有些哆嗦。同学看出来了，马上问："你要不行就赶紧说话，咱还有机会。"小飞一听，马上拍着胸脯说："没问题。"说完，就毫不犹豫地把刀划向猫的身体。小飞没有给猫做麻醉，只是让他的同学紧紧按住猫，猫疼得拼命挣扎起来。小飞更慌了，他的手哆嗦得更厉害了，结果一刀切歪了，鲜血瞬间染红了同学的胳膊。

猫挣扎得更凶了。那个同学害怕了，大声喊："快打电话，叫你妈妈回来。"小飞也傻了，扔下手术刀奔到电话机前，慌里慌张地给妈妈打电话。妈妈很快回来了，帮助小飞做完了这个手术。可是从此以后，小飞沉默了很长时间，并发誓永远不做与动物疾病相关的工作。

棒男孩教养妙招

Why：成人的经验再成功，终究是一种语言式的总结。而男孩学习的方式是亲自动手总结经验，所以你唠叨得再多，总结得再好，对孩子的成长都没有什么好处。弄得不好，还会像小飞一样，那些曾经让他得意的知识最终成了负担。

How：1. 告诉孩子，没人指导，不能乱来。这不是普通的捣乱，而是关乎生命的事。所以，妈妈一定要慎重，可以给他讲解知识，但一定要告诉他不要乱来。

2. 当男孩说是自己完成的时候就应该提醒他。那是妈妈指导他完成的，不是他自己独立完成的。

你的成长背景和孩子的不同

童童才九岁就已经是一个铁杆粉丝。他迷的不是歌星，也不是演员，当然，也可以说是歌星，也可以说是演员，但他的主业是相声，他的名字就是郭德纲。

妈妈对此非常不理解，尽管推荐童童听郭德纲的人是她自己，但她没有想到童童居然如此痴迷。只要有时间，童童就会把郭德纲的所有相声翻出来一遍一遍听，然后翻找郭德纲做过的所有节目，把每一个节目都从头看到尾。

有一次妈妈跟童童一起看郭德纲主持的《非常了得》，她发现了一个问题，只要是郭德纲说话，童童就会变得非常兴奋。他张着嘴酝酿着情绪，只要郭德纲话音一落，他马上就哈哈大笑，即使郭德纲说的只是普通的问候语，他也会笑上一回。

不但如此，童童平时说话也会模仿郭德纲。比如，郭德纲说的“谁要不认识于谦，谁就没吃过猪肉。”

那天傍晚，童童和妈妈吃完饭在小区里散步。有一个小姑娘过来问小区门诊在哪儿。还没等妈妈说话，童童马上就说：“谁要是不认识小区门诊，谁就没吃过猪肉。”

那个小姑娘被说得一愣一愣。妈妈自然知道这句话的来历，于是忍住笑，严肃地对童童说：“别胡说！”然后转头给那姑娘指路。

姑娘走后，妈妈就忍不住了，说：“我得批评你两句啦。我发现你最近被郭德纲带走了啊，你这么迷可不行，这么迷会出问题的。”

“我只是喜欢他的相声，怎么会出问题呢？”童童自然无法理解。“我小时候也迷过，不过我迷的是林志颖，是四大天王。他们歌唱得好，戏演得好。我不但在电视上听他们唱歌，还想方设法看演唱会。你姥爷当时就非常不看好我，他说：‘你要是能把这当粉丝的劲头都用来学习多好啊。’但我就是忍不住……”

“你还去看演唱会了呢，我连郭德纲的德云社都没有去过。”童童不禁打断妈妈的话。妈妈接着说：“你听我说啊，我没有听你姥爷的话，结果真的因为痴迷他们，耽误了很多学习时间，所以最后考了一所并不好的大学，现在才会过得不如意。你姥爷经常说我：‘你要是迷一个有用的人，你今天就不会这么悲惨了’。”

“什么叫有用的人啊？”

“就是《钢铁是怎样炼成的》里面的保尔·柯察金，还有《给我三天光明》的作者海伦·凯勒，还有雷锋……”

“雷锋啊，我知道。我们学校每年都要学习雷锋，但我还是不明白，我觉得我听郭德纲相声也是有用的。今年艺术节我模仿了郭德纲的一个相声小段，还得了第一名。保尔和海伦的事迹，我都知道也很敬佩，但我就是没办法迷他们啊。”

“啊？！那你不迷上他们也行，但至少别太迷郭德纲了。我就是觉得不太好，他会让你变得贫嘴。”

“你当年迷四大天王，也没成为四大天王啊！”

“你小子……”

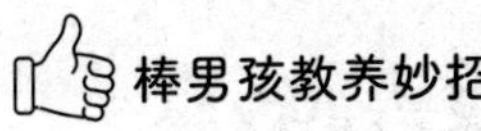

棒男孩教养妙招

Why：相比当下一些孩子无节制的追星，童童的做法只能算兴趣爱好，即使再痴迷一些也不过分。妈妈用自身的失误来做前车之鉴，也不能说不是好的教育方法，但如果禁止孩子喜欢和模仿郭德纲，则大可不必，让孩子喜欢雷锋和保尔，则更是天方夜谭。那些遥远的英雄和励志楷模，离孩子太远了，他们需要的是一个与他们生活更贴近一些的偶像。

How：1. **不要用太具个人色彩的经验来教导孩子。**举一个简单的例子，你当年第一次坐火车时遇到一个坏人，你不能跟孩子说："第一次坐火车总是会遇到坏人坏事。"你可以这样说："一个人出门要当心。社会上有很多好人，但是也会有很多迫于生计而做坏事的人。"

2. **太具有时代背景的经验，不要反复说给孩子听。**很多父母总是强迫孩子能够体会他们当年的辛苦，可是处于蜜罐里的孩子，是无法从你的唠叨里体会到你那个年代的辛劳，除非他们亲自去体验。

好妈妈教养手记

通过这两个事例，我想说的是，不要因为你经验比孩子多就对他唠叨个没完。你的经验并不能让他走捷径。如果你的经验过于具有个人色彩或者带着时代的烙印，对孩子就没有任何意义，倒不如放手让孩子多做多想，让他增加经验，这样他才能更快成长。

平时不管，一出问题就唠叨是尽责吗？

妈妈：同样是孩子，为啥你身上就有那么多的问题呢？你为啥就不能给我争口气呢？

儿子：我要是不闯祸，你能关注我吗？能顾得上我吗？

解答：很多妈妈由于工作忙，对儿子的关注很少，但儿子要是出了问题，她们会非常气愤，不停地唠叨，抱怨孩子不争气。

尽管家庭教育的重要性已经被很多妈妈认识到，但仍有一些妈妈由于各种原因无法顾及孩子，平时过问的最多的就是孩子的学习成绩，只要孩子不出格，她们就觉得万事大吉。

可是妈妈对男孩关注得越少，男孩出现问题的频率就越高。从孩子的心理成长来说，他需要搞些小动作引起父母的关注。当孩子出现问题时，这些妈妈却很少从自身找原因，而是把焦点放在孩子的缺点上，对孩子唠叨、指责。

妈妈这样做的目的，无非是要孩子作出一些改变，但说实话，妈妈的唠叨，只会让缺乏关注的孩子从此连关注也一并讨厌。

男孩捣乱，或许是寻求关注的一种手段

吉吉的爸妈开了一个佛教用品连锁店，在家的时间特别少。吉吉的饮食起居都是吉吉的姥姥姥爷照顾的。

小的时候看到别的孩子和父母一起玩，吉吉就非常羡慕，他不止一次央求妈妈 ：“你就留下一天陪我，可以吗？”吉吉妈妈总是说 ：“儿子啊，你得知道，我要是一天不去，那咱家的生意就会损失很多，这是很重要的事。你要乖乖地在家听姥姥姥爷的话，妈妈会给你买好多好玩好吃的东西。”

说完就扒开吉吉紧紧搂住自己的手，头也不回地走了，留下吉吉一个人在那里痛哭流涕。这时候尽管姥姥姥爷会上来补上妈妈的空缺，但在吉吉的心里，却还是有一种莫名的难过。

吉吉上学后表现平平，既不是班上调皮捣乱的那一批人，也不是最出色、经常受老师表扬的那一批人。妈妈对此似乎很满意，常说 ：“吉吉，妈妈不求你怎样出色，你只要不垫底、不闯祸就行了。”

吉吉每每听到这话，心里就会莫名地感到难受。

那天，吉吉妈妈遇到了他同学的妈妈。从这名同学妈妈的口中，吉吉妈妈知道他们班级里有一个孩子打架差点被开除。

吉吉妈妈感叹不已，回家后不由得对吉吉说 ：“我一听说这事心就一颤。幸亏不是你，否则我肯定被吓死的。”吉吉一听，小心思就动起来了。

不久吉吉的妈妈接到老师的电话，老师的话让吉吉的妈妈大吃一惊 ：吉吉把班里一名同学打伤了，还伤得不轻。

她先是不敢相信自己的耳朵，不由自主地问道 ：“老师，您是不是打错了电话，我家吉吉不是这样的孩子啊！”

直到老师一再确定打人的就是吉吉时，吉吉妈妈才感到惊慌失措，放下电话跑到医院。在医院里吉吉妈妈看到了那个受伤的孩子，虽然伤势不重，但是孩子的妈妈不依不饶，把吉吉妈妈狠狠骂了一顿。

吉吉妈妈一句话也不敢说，连连向人家道歉。但她心里窝火，等她把吉吉领回家后，第一件事就是照准吉吉的脑门狠狠敲了一下。吉吉被突然的袭击吓了一跳，但是他似乎有点兴奋。

妈妈看他那副样子，气急败坏地说 ：“吉吉啊，妈妈平时是怎么教导你的啊？我一再跟你说，我不求你名列前茅，不给你那么大的压力，你就给我老老实实地完成学业就行了，千万别给我闯祸！你是不是故意气你妈啊？”

吉吉不吭声。妈妈又脱下鞋，在吉吉屁股上打了两下，问道："吉吉，你是故意看你妈笑话，是吗？你在打人的时候，就没有想到妈妈会因为这个被人家批评，会因为这个给人家鞠躬点头！你今天真是让我丢尽了脸。"吉吉一脸漠然地站着。妈妈更气了，说："你还不服气？你知道我今天是怎么过来的吗？我真想狠狠揍你一顿。"吉吉马上转过身说："妈妈，你揍吧。"

棒男孩教养妙招

Why：妈妈对吉吉的要求，就是不闯祸。这对孩子而言，本身就是一种打击。再加上妈妈平时很少关注他，这自然让他的自我感觉很差，潜意识会迫使他证明自己的存在价值。然而，他寻求的方法竟是闯祸。闯祸后妈妈的唠叨虽是折磨，在某种程度上却能让男孩找到自我存在感。

How：1. **多给孩子一些关注。**没有受到关注的孩子会感到缺乏爱。

2. **男孩闯祸后，重要的是沟通。**对于此时的吉吉和妈妈来说，来一场彻底的沟通才是最好的，妈妈需要知道吉吉的心思，而吉吉也应该知道妈妈是爱他的，只是没有精力关注他而已。

出问题时唠叨，好比在男孩伤口撒盐

12 岁的民民离家出走了。他其实走得并不远，就在小区附近，在一个平时和自己很聊得来的老头家里。他并不想离开家，他觉得自己也离不开家。

可他为什么出走呢？

民民和一个关系特别好的同学到一个手机经销店买手机，很快同学看中了三星的一款手机。销售员看了看这个还没有长大的小孩，随口说了一句："这手机太贵，不适合你。"那孩子就急了，瞪着眼说："你瞧不起我，我告诉你，我就买这款了。"说完从书包里拿出一摞钱，拍在柜台上。销售员见此，二话没说给他提货去了。

那个同学对民民说："瞧见没？自己没钱就把所有人都当成没钱的人看待。

我就要让他们看看小爷是贵族，我就喜欢看他们这些穷人眼珠子变蓝的样子。对了，一会我要买个贵一点的手机号，你买不买？”

民民也有一个手机，手机号虽不是特别的数字，但也不会让人产生不好的联想，因此民民摇了摇头。那个孩子一撇嘴说：“真没种！不就是一点钱嘛，有啥大不了的，旧的不去新的不来，瞧着点，看小爷怎么震惊这个手机店！”

说完那个同学就拍着柜台，叫来另外一个销售员。他大大咧咧地说：“给我找一个好点的手机号，记住，我不怕贵，越贵越好。”

这个销售员对民民同学的言行都听在耳里、看在眼里。她二话没说，直接搬来一个金色封面的漂亮本子，然后指着里面的一个号码说：“这个号要两千五。”这回那个同学懵了。他挠了挠头说：“两千五，这也太贵了吧？什么手机号，比手机还贵啊？”

那个销售员一本正经地说：“号码好就值钱。你去外边随便一打听，就知道这个号码值多少钱了。”

那个同学脸上有点挂不住了，用胳膊肘推了推民民，悄声说：“哥们有难。”民民一听，立刻说：“就要这个了，我来刷卡。”说完就掏出自己的信用卡，学着他同学的样子，把卡拍在柜台上。

手机号码很快就买下来了，可是那个同学却坚决不要这个号码。他说：“我当时又没说买，是你想买。”民民气坏了。

而此时妈妈通过银行短信，知道了民民的这笔巨额消费。虽然里面的钱是民民的压岁钱，但是孩子没缘由一下子花掉这么多呀。妈妈坐不住了，民民还没有放学，她就奔到学校等候。

民民刚一露头，妈妈就忍不住怒气冲冲过来了，当着同学的面，把民民狠狠揍了一顿。一边揍还一边说：“我把压岁钱给你自己保管，你还真把自己当大款了？你知不知道我和你爸一天才能赚多少钱啊？你这潇洒大手一挥，花掉我们多少天工资啊？我劝你以后别带卡了，你直接带上你老妈老爸，想要什么直接把你老爸老妈押在那里，让我们给人家干苦力得了。”

妈妈没来之前，民民的同学们就都知道了这件事。他们纷纷讥笑民民是一个“少爷”，包括那个买手机的同学。

民民本来就一肚子火不知道往哪里发，现在妈妈又当着同学的面打了自己，还把缘由说得这么清晰，民民哪里忍受得了，于是哭着离家出走了。

棒男孩教养妙招

Why：出了问题之后，民民自己已满是后悔、忐忑、愤恨。这时候，他需要的是解决问题的方法，而不是指责，这时候的指责无疑让他幼小的心灵更加难以承受。

How：1. **当你把那么多钱交给孩子保管时，就应该提前告诉他这钱应该怎么花，**问题出现了再教育已经晚了。

2. **问题出现后，先别急着唠叨，问清原因最重要。**这是一个非常重要的教育原则。如果上来就打骂，只会让孩子把最真实的原因掩盖起来。

3. **不要当着同学的面唠叨。**这是最伤孩子自尊的方法。

好妈妈教养手记

没有哪个孩子愿意做坏孩子。小男孩做事情的出发点一般只有两个，一个是为了满足好奇心，一个是出于善心，而事情的结果往往与初衷背道而驰。作为妈妈，如果你平时就关注孩子的心理，关注他的成长状态，你就应该在出现问题时理解他；如果你平时对孩子关注少，孩子出了问题，你更应该理解他。同时，你还应该寻找自身的原因，并帮助孩子解决问题，这才是为人父母的教育之道。

你一定比孩子想得更周到吗？

妈妈：我已经成熟，思维也千锤百炼，难道我的想法还不如你吗？你怎么就不听我的呢？

儿子：你听听我的也没有什么坏处嘛！

解答：我们用大脑成熟、用思维缜密来形容成人，而用幼稚无知、思维混乱来形容孩童，所以我们才敢在孩子面前唠叨个没完。

如果你现在坐在一个知识渊博、聪明睿智、社会经验极其丰富的成功者面前，你敢对他不停地唠叨吗？如果他不是你的至亲好友，你跟他说话时肯定会字斟句酌，因为你害怕出丑！

但是如果坐在你对面的是你的儿子，你肯定不会正襟危坐、三思而言。你可能会兴之所至、随口而出，甚至口不择言、唠唠叨叨。

再换一个场景：你的儿子已经长大，他知识渊博、聪明睿智、拥有一定的社会经验。此时他有一个非常重要的问题想请教你，这时候即使对面坐的是你的儿子，你也会再三斟酌，才肯讲出你的意见或者建议，对不对？

男孩的想法有时比你高明

新年那一天，春梅买了一些“福”字，要贴在墙上、门上和窗子上。她要儿子小新来帮忙，小新欣然而来。他拿起一个“福”字看了一下，发现这些福字后面有一层黄色粘贴纸。只要把这些黄色粘贴纸揭下来，就可以直接粘贴了。

小新二话没说，拿起一张“福”字，跑到窗台边，他端详了一下，然后开始撕福字后面的黄色粘贴纸。

妈妈看到小新这样莽撞，就大声喊道：“哎呀，我的宝贝啊，你先别急行吗？你得看看往哪粘好。门、窗子和墙上的福字是不同的，大门的字要大一些，其他门的小一些，窗子的要华美一些，墙上的要震撼一些。”

小新一听，不禁笑道：“我的老妈啊，今天是新年，灶王老爷都从天上下来了！您能不能接点地气啊？什么华美，什么震撼！”

爸爸和奶奶、爷爷在旁边听了，乐不可支。爸爸揶揄妈妈：“我懂了，这俩词在新年出现，可不是一般的征兆，这意味着明年我们家是华美的，让人震撼的！”

“对，爸爸，您说得对，您和我妈负责华美，我负责震撼吧……哎呀！”小新一边和爸爸、妈妈开着玩笑，一边手不停歇地揭着那个黄色的粘贴纸，结果一不小心，那个“福”字粘在了手上，揭也揭不下来。

妈妈一看急了，走过来要帮小新。她一边走一边说：“得，你现在就够让我震撼的了。我不是跟你说了吗？叫你不要鲁莽，做事要细心一点，多思考几分钟。性子慢点没啥坏处，知道吗？”

小新没有说话，还在一点点揭掉粘在手上的“福”字。“福”字是揭下来了，可是手却黏糊糊的。妈妈拿起小新手里的“福”字，端详了一下窗子，准备往窗子上粘。就在这时，小新喊了一句：“停！”

妈妈吓了一跳，回头看他。小新拿起手里的那张黄色粘贴纸说：“妈妈，我有想法了！我有想法了！福字不能就这样粘在窗子上！”

“说话注意点，大新年的，别胡说八道。别说话，福字到家了！等我粘上。”“不行，你不能粘！”小新大喊一声跑过来拦住了妈妈，说：“你看我的手，你要是这么粘，到时候你要揭掉它就很麻烦了。”

爸爸点头表示同意。小新说：“粘是可以的，不过得要把这个黄色粘贴纸一起粘上，这样，揭的时候不会在窗户上留下很多黏糊糊的东西。”“不错啊，小新很有想法啊！你怎么会想到这个呢？”“嘿嘿，因为我在学校给老师粘过东西。老师让我往玻璃上粘，结果第二天在清理的时候，费了好大的劲。”

棒男孩教养妙招

Why：永远不要小看孩子。孩子虽然经历的事情少，但在某些方面他的思想可能走在我们前面。相信你知道孩子如此精明后，就不会再跟他传授你的所谓的“经验”了。

How：1. 放手让孩子自己去做。小新要不是在学校里做过这样的事情，也不会有这样的经验。

2. 别怕孩子好心办坏事。事情弄砸了也没有关系，可能坏事对孩子的触动会更大。要相信这是在助长他的经验，同时还有助于他多思考。

你的高见并不适用于孩子

亮亮其实很聪明，可是他的妈妈总是说他太傻、没心没肺。怎么个傻法呢？亮亮有什么好东西，从来不会藏着掖着，而是让所有的朋友玩够、用够。亮亮从来就不撒谎，他有多少钱，都会告诉同学。

亮亮一点都不记仇，有个孩子把他说得非常不堪，以致同学们都觉得这孩子太过分了，但只要这孩子跟他说句好话，亮亮马上就和人家言归于好。亮亮说话特别直，去同学家做客，人家家长问他饭菜好不好吃，他摇摇头实诚地说：“不好吃，没有我妈做得好吃。”

每次妈妈只要听到亮亮又做了傻事，就会气得咬牙切齿。她经常点着亮亮的脑门说：“我不算特别精明吧，可也没有傻到你这个份上。你怎么就不长点心眼儿呢！”然后就一点点分析讲解给亮亮听。

“亮亮，如果你有好东西，不要随意给人家。第一，不能这么随便对待你最喜欢的东西；第二，很多孩子知道你有好东西而他们没有，会嫉妒你，说你爱显摆。妈妈知道，你根本就不是显摆。为了避免别人误会，你还是不要把自己的好东西拿出来给别人。听见没有？”

“亮亮，妈妈不想让你记仇。至少你得让欺负你的同学知道你的厉害，知道你不是软蛋，否则他们会把你踩在脚底下，整天欺负你，让你永远抬不起头来。

这些是妈妈在社会上打拼这么多年总结出来的，你是我儿子我才告诉你！”

“亮亮，你得学会说谎，确切说应该是善意的谎言。你得考虑听话人的感受。你看，如果别人说：‘亮亮，你写的字真难看，不如我写的好看。’你是不是会很难过？但是如果别人说：‘亮亮你写字真好看。’哪怕你知道对方说的是假话也会高兴。”

其实这些话，不仔细思考不觉得有什么问题，甚至觉得有道理。**的确，孩子成长过程中必须让他懂得一些人情世故，否则孩子会四处碰壁，而每一次碰壁，他都会受伤不轻。**因此亮亮妈妈乐此不疲，唠叨不停。亮亮又是什么反应呢？

每次妈妈骂亮亮是傻孩子的时候，亮亮都会觉得很委屈。时间久了他就有点小自卑，和同学朋友说话的时候，变得吞吞吐吐、犹豫不决。

其实对于活泼直率憨厚的亮亮，大多数同学都是喜欢的，没有几个孩子会去欺负他。可如今同学们发现亮亮变了，变得有点小气，有点迷糊，有点冷漠。孩子的心是简单的，对于难相处的孩子他们自然会远离。亮亮很难过，他四处找人说话却总是被人疏远。亮亮做的傻事越来越少了，妈妈放心了，可她不知道亮亮越来越不开心了。

棒男孩教养妙招

Why：如果亮亮妈妈教育的是一个刚入职场的新人，她这么说可能非常有道理，可她现在教育的，是自己少不更事的儿子。这就不对了。妈妈的教导，被亮亮用在同学身上，自然会让他失去很多朋友。

How：1. **不要太早教会男孩圆滑世故。**孩子的生活环境，用不着太多的世故。

2. **让孩子葆有快乐吧。**人生最纯真的就是童年，再憨直的孩童，有一天也会变得精明计较，你何必那么早就剥夺他的快乐呢？

好妈妈教养手记

作为妈妈，我们唠叨的很多内容都是相同的，甚至如出一辙，因为我们的出发点是一样的，那就是让孩子过得更好。孩子做事，我们会把我们的想法说给他听；孩子说话，我们会把我们的意见说给他听。我们以为这是在指导孩子，让孩子刚刚萌芽的错误直接扼杀在摇篮里，但实际上这些对他未必有益。因为我们的想法、做法，不一定就比孩子高明，即使真的高明，也可能不适合处于特定环境里的孩子。

唠叨后，孩子能体会到你的爱吗?

妈妈：你以为我力气多得没地方用?要不是为你好，我干嘛唠叨?你还嫌我唠叨!

儿子：您觉得为我好，就真的是为我好吗?

解答：教育的主体是孩子。如果我们把自己放在了教育的主体位置，我们就会对孩子唠叨不止。这不但对他没有好处，反而会害了他。

有一句话叫“好心没好报”。我相信很多家长对这句话的意义理解得特别深刻。我们对儿女，绝对是全力以赴、不辞劳苦、呕心沥血、披肝沥胆、爱到骨髓。为了爱，我们才会唠叨。可是儿女对我们，除了最初的依赖、崇拜之外，就是厌烦、抱怨、对抗、远离、抛弃。虽然不是每个孩子都抛弃父母，但每个孩子都一定会有厌烦、抱怨、对抗、远离父母的时候。

这些厌烦、抱怨、对抗与最初的依赖、崇拜比起来，持续时间更长。因此作为父母，特别是作为妈妈，我们才会有“好心没有好报”的感慨。

其实，不管是看待我们的付出还是孩子的反应，我们都太过主观了。简单说，我们用我们的想法去衡量孩子，这对孩子是不公平的!

爱他，就别总是唠叨

和很多同学一样，里里最不喜欢妈妈唠叨。一听到妈妈拉开长篇，里里就赶紧找借口溜之大吉。这让妈妈无所适从：本来拉好弓箭准备百步穿杨了，可忽然间杨树没了。那感觉，用釜底抽薪来形容都不够，分明是万丈高楼一脚踏空。作为妈妈，自然不甘心被儿子嫌弃，尤其是被年纪尚小的儿子嫌弃。里里妈妈仔细想了想，觉得自己没有做什么让里里伤心的事情。于是，她理直气壮多了，决定找儿子谈一谈。

那天是妈妈的生日，里里亲自做了一张贺卡，不但用上了裁剪和绘画的手艺，还用上了刺绣的工艺，这对于一个男孩来说，是不可多得的。妈妈看到里里贺卡的外包装居然蒙了一小块四四方方的绣花纱巾，欣喜万分，她一把抱住儿子亲个不停，里里也没有躲避。

妈妈想了想，觉得今天的时机很好。她拉了里里坐下，问他："你陪妈妈聊聊天，可以吗？"里里自然点头答应。

妈妈开门见山："你最近一段时间对我表现出特别厌烦的样子，你为什么不喜欢我？"里里扭了一下身子，说："我没有不喜欢你啊，你是我妈妈，我就是不喜欢你唠叨。你说你没事干点啥不好，非要唠叨个没完，让人心烦。"妈妈有点生气地说道："嘿，你个臭小子，你不知道我唠叨是为你好啊？就说写字吧，你都上三年级了，还没有学会正确的姿势，这样下去用不了多久，你就会近视了，我不说你行吗？"

"可是我正在解题的时候，你一唠叨我的思路全被打乱了。你唠叨最厉害的那天，我作业错得最多，被老师罚站了一节课！"

"你作业错了可不能怪我。要想少被罚站，以后就让我检查你的作业，你做完之后，先给我看一看。"

"得了吧，妈，你还是别看了，我宁肯被老师罚站。"

"你这是什么态度？你怎么对妈妈这么反感呢？我检查作业，可以让你免受罚站之苦，真是好心没有好报！"

"是，老师是不罚我站了，可你会罚我听。你要是唠叨起来，我一天就没有一点儿时间玩了。"

"你做错了，我肯定得提醒你啊，这是妈妈的责任。我不能眼睁睁看着你做错了，却视若无睹吧？"

“妈妈，你真爱我吗？”

“我不爱你爱谁啊？”

“咱俩商量一下，你要是真爱我，就不要老是对我唠叨个不停，行吗？”

棒男孩教养妙招

Why：其实孩子不喜欢妈妈，往往是从不喜欢妈妈的唠叨开始的。妈妈的唠叨虽然充满了爱意，但对孩子来说也是难以承受之重。你唠叨得越多，孩子从你那里感受到的爱就越少。

How：1. **多听听孩子的话。**里里妈妈做得最好的一件事，就是给儿子创造了一个说出自己想法的机会。

2. **答应孩子不唠叨。**这说难也不难，先从减少重复话语开始，然后减少说话量，之后每次说话之前三思，你的唠叨就会少很多了。

男孩比女孩更反感妈妈的唠叨

有一段时间，《妈妈之歌》在网上特别火。说是《妈妈之歌》，其实更确切地说是唠叨之歌。你听……

“起床、起床，快起床！去洗脸、去刷牙、记得梳头！会热吗？会冷吗？你就这样穿着出门吗？别忘了钢琴课在今天下午，所以你要练！出去外面玩，别玩太疯，别闹太凶。今晚不准玩电脑！我说了算！我是你妈……”

让孩子加衣服、控制玩的时间、按时吃药等，常常是妈妈唠叨中包含的重要话题。这首歌出来之后，很多妈妈都会会心一笑，但她们并不觉得这是对妈妈的一种批评，反而觉得这是母爱的一种表达方式。

我曾经和很多网友妈妈讨论过这个问题。有的妈妈说：“如果唠叨不算爱，还有什么能表达爱呢？我们小时候也很讨厌唠叨，可是长大后最温馨的回忆就是妈妈的唠叨。”

有的妈妈说：“并不是所有的孩子都不理解妈妈的唠叨。我家女儿虽然也厌烦，但是一想到我是为了她好，就对我没意见了。”

马上就有妈妈说 :“那是你幸运，生的是个女儿，我家儿子就不理解我，平时他爸爸就嫌我唠叨。儿子对我的唠叨一点都不感激，他甚至说 :‘我知道你是为我好,可是我就是讨厌你唠叨。’他还说 :‘其实你的好可以体现在另一方面啊。’我问什么方面，他就说不出来了。”

听完这些后，我抛出了这样一个问题 : 有多少男孩不能接受妈妈的唠叨?

结果在我的那些网友中，凡是家有男孩的妈妈都说他无法接受自己的唠叨。我又问有多少女孩能接受妈妈的唠叨，虽然我的网友不多，但还真有几个妈妈说她的女儿能接受。

紧接着我又作了一个小调查。我在一张问卷上设置了三个问题。第一个问题是孩子的性别。第二个问题是调查妈妈们唠叨的数量 : 一级唠叨是见面就说，不分大小事 ; 二级唠叨是饮食起居都唠叨，遇到事情更唠叨 ; 三级唠叨是只有遇到事情时才唠叨 ; 四级唠叨是少数时候才唠叨。第三个问题是调查妈妈们唠叨的内容。一级坏唠叨是讽刺批评多 ; 二级坏唠叨是抱怨多 ; 三级坏唠叨是说教多 ; 四级坏唠叨是描述妈妈的辛苦多。

有意思的是，家有儿子的妈妈唠叨的频率较多。我把这个结果告诉大家后，这些网友特别有感触。有一个网友说得特别好，她说 :“因为妈妈和儿子性别不一样，所以才会有这样的结果。”当然这只是一个小范围的调查，可能扩大范围后会是另一个结果，但在某种程度上，妈妈对儿子的伤害可能会更大，因为妈妈不懂儿子。

棒男孩教养妙招

Why : 性别的不同会让妈妈和儿子之间有一种天然的鸿沟，如果我们想当然地用我们的语言优势来教育男孩，很可能就会让他受伤，不能说因为爱他才伤害他。

How : 1. 对男孩特别是爱闯祸的男孩，更要少唠叨。妈妈的宽容，会让男孩在性别上认同自己。

2. 多让爸爸参与母子间的谈话。爸爸的加入会缓和母子剑拔弩张的关系。

好妈妈教养手记

唠叨是一种爱，但母爱的伟大最好不要用唠叨来表达。这里所说的唠叨，只是一个表示程度的词，也就是说，该说的一定要说，做哑巴教育可能会打折扣，但要说就说得恰到好处，把话说到儿子的心里，让他觉得除了改变自己，没有其他的办法。这样孩子才会听你的，还会感激你。

第4章

听听男孩的心声

只有静下心倾听，你才知道他在想什么

要是我只说一遍他就能记住，该多好啊！

蜜蜂也敢抓，马路也敢闯，他怎么一点安全意识都没有？

硕硕跟妈妈话很少，却跟小姨话很多。又是哈哈大笑，又是大呼小叫，他们到底在聊啥？

“您说个没完，却没有心情听我说”

妈妈：不管我说什么你都很反感，你在故意和我作对是不是？

儿子：你总是让我听，为啥从来不愿意耐心听我说呢？

解答：是否认真倾听孩子的话，能充分表现出妈妈是否平等对待他，是否尊重他。越是唠叨的妈妈，她给孩子表达的机会就越少。

我们可以想象一下这样的场景：你被关在了一个密闭的环境中，特别想知道外面的情况，也希望把自己的情况告知外面的人，这时候你手边有一部电话，可是你只能说不能听。尽管你可以不断倾诉，但还是觉得不踏实，因为你根本就不知道外面的人是否能听到你的话，是不是？

咱们再设想，你的电话只能听不能说，你会怎样？你还是觉得要崩溃，因为你有千言万语，都无法表达出去。同样，你在和孩子沟通时，如果只是唠叨个没完，那么就和只能说不能听的电话一样。你说得越多，孩子就越沉默，你就越不踏实，因为你得不到反馈。

听不到孩子的心里话，怎知他身上发生了什么事?

耀耀是一个特别活泼的孩子，可是有一段时间变得特别沉默，还常常会有一些怪异的神情。这种神情，说难过不像难过，说惊悚又不像惊悚。只见他眉毛忽然一皱，脸部肌肉仿佛跳了一下，然后又归于平静。

耀耀的妈妈算得上是一个细心的妈妈。儿子的这个细微变化，没有逃出她的眼睛。她看出儿子有心事，心里“咯噔”一下。因为儿子已经十四岁，进入了青春期，已经开始变声了。这看似是喜事，但实际上代表着麻烦来了。

耀耀妈妈早就知道，青春期是一个碰撞期，是孩子的颠覆期。父母的精神稍微松懈一点，孩子就很容易脱轨。

为了保证耀耀安全度过青春期，妈妈开始做工作了。她故作漫不经心地问道：“你们班有几个孩子进入青春期了？”耀耀没有回答。他不是不想回答，而是他不知道答案，他根本就不关注这样的问题。妈妈又问道：“和你最好的冬子也变声了，是吗？对了，最近他怎么很少来咱家了，出什么问题了吗？”

耀耀摇摇头说：“没有。”妈妈又问：“我听冬子妈说，有个女孩特别喜欢冬子，是不是有这件事？是谁家的女孩？怎么能这么早就谈恋爱呢？你们这个年龄懂得什么是爱啊？”耀耀脸色一变，低头不语。妈妈更惊讶了，难道耀耀的心事和女孩子有关？她直接问道：“你有女朋友吗？”耀耀索性离开妈妈。

妈妈急了，一把拉住他说：“别走，我觉得你最近有问题。你跟我说实话，是不是有女朋友了？你放心，妈妈不会反对你交朋友，只是给你出个主意。”

耀耀皱着眉头说：“您竟瞎猜，我哪里有什么女朋友啊？再说了，冬子也没有女朋友。冬子妈妈根本就不了解冬子，看见有个女孩跟冬子说话，就以为是他的女朋友。难道我们就不能和女孩子说话吗？”

“我没说你不能和女孩子说话啊？我就是问问你有没有女朋友，你看看你还急了。你越是这样，我不就越是疑心吗？你要是痛痛快快跟我说，我能怀疑你吗？”

“我咋不痛快跟您说了，我不是说得很清楚吗？我没有女朋友。你要是怀疑，我有什么办法呢？”说完，耀耀不顾妈妈的阻拦转身走了。

棒男孩教养妙招

Why：在说到朋友冬子的时候，耀耀妈妈直接表达了自己的态度：那样不好，这会给孩子传递一个危险的信号。如果耀耀的问题真的是关于女朋友的，他肯定不敢表达。孩子不想谈，要么是不相信妈妈，要么是不相信自己，这时候逼问是没用的，一定要等待合适的时机。

How：1. **询问男孩时，不要先表达自己的看法。**你越是怀疑他在某方面有问题，就越不能表达你的看法，否则他更不敢说。

2. **旁敲侧击有时候还是挺管用的。**直接问孩子会尴尬，特别是让人难以启齿的问题，更是如此。当然这招也不能过多使用，否则同样会引起孩子的反感。

3. **多说说自己的事情。**如果你猜到孩子在某方面迷茫或者有疑惑，不妨用你过去的事情激发孩子诉说的欲望。

孩子想表达时，千万别阻拦

硕硕和妈妈很少说话，却和小姨关系特别好。每次小姨来家里，硕硕一定要把小姨拽到自己房间里，和她叽叽咕咕说上大半天。

如果只是不和妈妈说话，可能是性别差异使得母子俩没有共同话题，妈妈对此也就能接受。可谁知同样是女性，小姨却深得硕硕的心，这让妈妈有点受不了。论年龄，妈妈和小姨相差五岁，人生观是有不小的差异，但还不至于产生代沟。论学历，妈妈是本科，小姨是硕士，但这绝对不是硕硕喜小姨而厌妈妈的理由，那是为什么呢？妈妈始终想不通。

那天小姨又来串门，硕硕和小姨又在房间里聊天，妈妈的醋意又翻了上来。听着妹妹和儿子一会儿哈哈大笑，一会儿又大呼小叫，妈妈终于忍不住了，生气地推开门说："你们到底有什么话，非得要背着我说啊？"

小姨一看硕硕妈面有怒容，赶紧笑着解释说："瞧你多心了，没有啥背着你，硕硕跟我说他们班里那些糗事。他说他表演孙悟空，结果化妆师把他化成了猪八戒，他也没照镜子就上场了，结果他一张口，台下就哈哈大笑。在他整个表演过程中，台下的观众不停发笑。他还以为自己表演得很成功，结果下台一看，自己顶着猪八戒的脸，却演了个孙悟空形象。"

小姨说完就哈哈大笑起来，硕硕也跟着笑。妈妈一听也不由得笑了，可是忽然觉得不对，又绷起脸来，问道：“硕硕，这是啥时候的事？”

硕硕回答：“上个月艺术节。”妈妈问：“你怎么不跟我说呢？”“你对这些事情根本就不感兴趣。”硕硕回答道。

妈妈又好气又好笑地说：“你怎么就知道我不感兴趣呢？我不是挺感兴趣的吗？”硕硕撇着嘴委屈地答道：“那是小姨在你才感兴趣。你不记得以前，我说班级一个男生怎么和女生吵架，你就嫌我烦，然后教训了我一顿。”硕硕的小姨马上说：“姐啊，不是我说你，我听硕硕说过这事。你现在老是抱怨孩子不理你，其实他不是不理你，而是不敢理你。”

妈妈说：“你根本就不知道这个孩子，他就是怕我批评他，所以总躲着我。”小姨又问：“你为啥老批评他呢？有很多话可以跟孩子说啊，并不是只有批评的话才需要说。”

“行了，你别给我添乱啊，我还得教育孩子呢。你这么一闹，回头我教育硕硕他就更不听了。”妈妈有些生气地对小姨说。

小姨站起来拉着妈妈走了出去，悄声说：“姐，要是连他身上发生了什么事都不知道，你怎么教育他啊，你要是天天想着批评他，他肯定不想和你说话。”

棒男孩教养妙招

Why：妈妈越是在孩子面前表现出权威性，孩子对妈妈的疏离感就越强。就像你无法和一个高高在上的领导诉说你的心事一样，孩子也无法和一个高高在上的妈妈聊天。

How：1. 不要把自己放在高高在上的位置。妈妈应该是孩子的朋友，而不应该是高高在上的权威人士。

2. 孩子述说自己的事时，尽量少批评。批评越多，孩子就越不愿意在你面前表达。

3. 多请和孩子聊得来的人与他聊天。妈妈和儿子之间已经有沟通障碍，为了清除障碍，可以多请小姨来聊天，有小姨在母子的关系会慢慢缓和。

好妈妈教养手记

有很大一部分妈妈，和孩子说的话只有批评和说教。这些妈妈有一些标准的语言、声调和手势，而且这些都透露出作为妈妈的权威性。她们错误地认为，只有让孩子听话才算得上一个合格的妈妈。实际上正好相反，只有你能听懂孩子的话，并能帮他了却心事，你才能算是一个合格的妈妈。

“芝麻大点的事，用得着长篇大论吗？”

妈妈：我哪一点说得多了？

儿子：我只是问你一个小问题，就会引发你的长篇大论，真让人烦！

解答：孩子要的只是一个简单的答案，不需要你的旁征博引。

三毛在讲到荷西时，说有两件事可以立马打开他的话匣子，而对于有些妈妈来说，只要是孩子的事，话匣子一打开就是连绵不绝、持续不断，如滔滔黄河奔涌而来，大江南北、上下西东，全都是说辞。

有个小男孩曾经这样说：“千里之堤毁于蚁穴。我要是不想我的精神崩溃，最好有自知之明，不给我妈打开话匣子的‘蚁穴’，所以我在我妈面前选择沉默。”

这样的结果，相信不管是哪位妈妈听了都会生气。尽管三毛深爱荷西，但不经意间打开了他的话匣子后，她还是对自己痛恨不已。本来想得到一个小问题的答案，结果却引发了一场语言“山洪”，任何人心里都会有点懊恼。因此孩子有这样的表现也就不足为怪了。

你的长篇大论会让孩子思维混乱

昆琨正在院子里做科学模型。他忙活着，工具、材料扔得满地都是，满脸满身的泥土和污迹。妈妈看他手忙脚乱的样子，走过来要帮助他，昆琨非常坚定地拒绝了，妈妈只好悻悻地走开了。一会儿昆琨又找不到扳手了。他在那堆工具中翻找了半天，也没有找到，不由得喊了妈妈一声："妈，您能帮我找找扳手吗？"

妈妈正等着昆琨寻求帮助，一听昆琨开言马上就跑过来，认真地把材料和工具收拾、分类，一边收拾还一边说："我就说我过来帮你吧，你不听，总是以为自己做得了，结果怎么样，不是还需要我吗？"

此时昆琨有些后悔，但既然是自己提出来的要求，也只好忍气吞声继续做他的小模型。看妈妈说个不停，他不耐烦地说："妈妈，我要扳手。"

妈妈赶紧加快了寻找的速度，一边找一边还不忘唠叨："你就是喜欢乱扔东西，这扳手是最重要的，你就应该放在手边。还有你总喜欢把所有的材料、工具全都翻出来。这些没用的东西，你找出来不是添乱吗？"昆琨更加不耐烦了。这时候妈妈已经从一堆工具中找到了扳手递给昆琨，又说："给你，这回你得把扳手放在手边，不能乱放了。我现在给你收拾，不用的我就装进工具箱。"

昆琨拿起扳手，在模型上扭了两下。妈妈看着他又说："你小点劲儿，小螺丝下面的垫片，哪能禁得住你这么大的力气啊？男孩做事就是毛毛躁躁，你就不能细心一点吗？我刚才就看见你弄这个螺丝，把垫片弄破了。你看，我正说着呢，还是弄破了吧。"

就在妈妈唠叨的过程中，昆琨真的把那个螺丝底下的垫片弄破了。**昆琨非常懊恼，于是把扳手扔到一边，一屁股坐在地上呼哧呼哧大声喘着粗气。**妈妈一看他那个样子又说开了："做任何事情都会经历一个失败的过程。爱因斯坦当年捏泥板凳时，还捏过3个完全不像样的呢，何况你呢。好好干吧，儿子别泄气。"

昆琨终于忍不住了，大声嚷道："您怎么看出我泄气了？我要真是泄气，也是因为您不停唠叨。妈，我求您了，您还是做您的事情去吧，我可不想被您唠叨个没完，现在头都大两圈了。"

"小兔崽子，我好心好意帮你，你还撵我。我不管了。"妈妈有些生气，把正在收拾的工具一扔，转身进屋了。昆琨这才长舒了一口气，定下神来继续做自己的事了。

棒男孩教养妙招

Why：孩子认真做事时如果需要帮忙，你给予他帮助就行了，这时唠叨会打断他的思路。男孩大脑决定他一次只能专注做一件事，你那些高明的话，最好留待其他时候说，或者不说，因为孩子早晚会明白的。

How：1. 帮忙就帮忙，不要废话。废话多就是帮倒忙。

2. 可以选择恰当的时机说孩子的问题。孩子乱扔工具，可以等孩子做完了模型之后再告诉他。

是你的多言让孩子忘记当下要做的事

小山和姥爷一起在外面玩，遇到了姥爷的老同事。两个老头多年未见，自然分外欢喜，亲热地说着话。

这时那位同事咳嗽了几声。小山的姥爷关切地问："怎么了？身体不中用吧？"那个老人点着头说："可不是嘛，想当年咱俩是'金戈铁马、气吞万里如虎'，咳咳咳……"

"如今是'枯藤老树昏鸦，小桥流水'，流也流不到人家……"小山的姥爷接着说。两个老人哈哈大笑，小山也跟着笑起来。这时候姥爷回头对小山说："去，回家告诉你妈，把我放在书房箱子里的保健品拿来，给这个姥爷一点。"

那个老人连连摆手想阻止小山的姥爷。小山的姥爷握住老人的手说："你不要推辞，我是觉得吃着好才给你的。这是我女婿从国外带回来的，这个东西吃了不上瘾，也没有副作用，你就放心吧。小山，快去。"

小山答应着跑回家去。大概是受姥爷的感染，他有点兴奋，又有点感慨，一边走一边想着刚才姥爷和老人说的两首诗。由于注意力不集中，一进家门就滑倒在地。给小山开门的妈妈看他如此，觉得又气又好笑，说："你这是从哪里疯回来？"

小山呵呵笑笑说："气吞万里如虎……我姥爷遇见同事了……妈，'气吞万里如虎'是啥意思？"

“‘如虎’？我看你是‘马虎’，走个路都能滑倒，还如虎呢？你看哪只老虎活成你这样？它要是像你这样，早在丛林里被吃掉了。我早就想说你，干什么事情都稀里糊涂的，你瞅瞅，咱家这大平地你都能摔倒。不知道你的脑子里到底在想什么啊？”小山呵呵笑着说：“小桥流水人家。”

“你还不爬起来啊？还在那里坐着？小心一会让流水冲走了，这孩子就是这样没心没肺的。地上多凉啊，快，赶紧起来。”

小山这才爬起来，看见妈妈从烤箱里端出来一炉面包，馋得直流口水，跑过来伸手就拿。妈妈毫不客气地打了他一下，说：“洗手，洗手，跟你说了多少遍了，怎么就记不住呢？你从外边玩了一圈回来，手上有多少细菌啊。你要是不洗手，这面包就能杀人了。”

小山连忙跑到卫生间去洗手。他打开水龙头在下面冲了一下就跑到妈妈跟前伸手又要拿面包。妈妈喝道：“你刚进去就出来，那叫洗手吗？赶紧回去，用滴露好好搓洗一下。”

小山只好二次跑回卫生间洗完手再跑回来。妈妈递给他一个小面包，问道：“你不是跟姥爷出去了吗？姥爷呢？”

“哎呀，我忘了，我姥爷让我回来拿保健品的。快，妈，把我爸买的那个保健品拿过来，我姥爷要给他的一个老同事。”

“你瞧你这孩子，啥记性啊？光顾着吃！不管多大的事都能忘。”

棒男孩教养妙招

Why：孩子本来要做一件事，可是被妈妈无休止的唠叨打断了，早忘了回家的初衷了。

How：1. 直接回答孩子的问题就可以了。生活当然是幽默一点更好，小山的妈妈有点幽默细胞，但这幽默最后还是被唠叨抹杀了。

2. 不要讽刺孩子。虽然故事里小山没有因为妈妈说“你不是如虎，你是马虎”而沮丧，但这话还是尽量少说为妙。

好妈妈教养手记

在成长过程中，孩子会有各种各样的疑问，他需要一个直接回答问题的人。有时候妈妈就是他提问的对象。糟糕的是，大多数妈妈在回答问题时，总喜欢说个没完没了，结果事与愿违，孩子本来已经明白了，又被说糊涂了，或者被打断了思路、打乱了规划。如果你不想让孩子厌烦，就要记得适可而止。

“老妈就是喜欢翻旧账”

妈妈：我唠叨没有什么坏处吧？我觉得我说的都有用啊！

儿子：您没发现吗？您就是喜欢翻旧账，反正我只要做错一件事，您就会终身记入我的档案。

解答：大多数妈妈在教育孩子的时候，都喜欢翻旧账。对于曾经犯过错的男孩来说，最讨厌的就是旧事重提。

“再回首，云遮断归途，再回首，荆棘密布……”很多成人不喜欢回首往事，因为往事不堪回首，错事越多，回首伤痛就越大。可我们在教育孩子的时候，总是喜欢追究他的过往。

我们的目的，其实是想让孩子记住：你曾经犯过这样的错误，不要一错再错，可是孩子们却深恶痛绝。曾经有个小男孩对我说：“我很希望以后发明一种记忆回溯装置，只要将它和人的大脑连接，就能把所有的记忆原原本本地恢复过来。”

我问这个孩子为什么这么做。他说：“我很想看看妈妈犯了多少错才走到今天，然后在我妈翻我旧账的时候，也翻翻她的旧账。”

翻旧账会导致男孩破罐子破摔

年年是一个特别淘气的孩子，他闯祸的频率不能用天计，要用小时计。如果哪个小时他没有闯祸，他妈妈都觉得不正常。

好在年年惹的祸不过是一些鸡毛蒜皮的小事，妈妈虽然生气，倒也还能忍受，只是希望他有一天长大了能规矩一点，自己也就省心了。因此妈妈经常唠叨："你快点长大吧。"年年大概也从妈妈的这些唠叨里体会出一点什么，随着年龄的增长，真的不闯祸了。有一次居然一整天没闯祸，妈妈非常高兴。

晚上妈妈特意做了年年喜欢吃的东西，准备奖励他。年年放学一进门，闻到扑鼻的香气高兴地直奔厨房，准备一吃为快。妈妈特意拿着筷子，亲自夹了一口菜送到年年的嘴里，说："我儿子懂事了，可以不用妈妈天天操心了。"年年被菜堵住了嘴，嗯嗯啊啊地应着。

就在这时电话铃响了，是邻居打来的。年年妈妈和邻居阿姨的关系非常好，但在这个电话里，邻居阿姨一点好气都没有。她说："姐啊，你快管管你家年年吧，他怎么欺负小孩子呢？"

年年妈妈一听就明白了：年年肯定又闯祸了，她连忙问怎么了。邻居阿姨告诉她："我家小玲刚买了一盒彩笔，还没进家门就被你家年年抢走了。你听听，玲玲现在还哭呢！"

年年妈妈一听火大了，三步两步走进厨房，见年年没用筷子，两手抓着鸡腿正在啃，弄得满手都是油。妈妈的气更大了，上去就把年年手里的鸡腿夺过来了，说："去，一边站着去。"

年年吓了一跳，看妈妈如此，他不知所措地嚷道："你干什么？我怎么了？"妈妈恨恨地说："你怎么了？你还问我你怎么了？你自己做了什么你不知道？本来我以为你一整天没有闯祸了，真是值得庆祝，谁知我话音刚落你就闯出祸来，我看你就是一个'闯祸精'。"

"我没闯祸。"

"还说你没闯祸。一楼王奶奶家的小院篱笆是你拆的吗？二楼李叔叔家的狗是不是被你踢了一脚，差点流产？小区物业的窗子是不是你打碎的？你们学校操场上的草皮，是不是你用小刀割坏了一块？啊？说话！"

年年有些气馁，小声说："您不是已经惩罚我了吗！"

妈妈气愤地说道："我是惩罚你了，可是你记住了吗？你自己想想，你哪天让我省心？你不是在这里闯祸，就是在那里让人遭殃。这和周处有什么区别？说轻了，你是不懂事；说重了，你就是鱼肉乡里、无恶不作。‘凶强侠气，为乡里所患’。”

又是这句话，又是周处。关于周处那点事，妈妈已经不知道讲过多少遍了。每一次妈妈说“你就是周处，你就是为患乡里”，年年都很难过。如今妈妈又提这个人，年年一下就火了，大声说：“是，我是周处，你找一条恶龙来杀死我好了！”

棒男孩教养妙招

Why：男孩并非故意闯祸，这个我们在前面已经说过了，他只是好奇、好动。每次因为好动闯祸后，他也会后悔难过。如果妈妈总是强调孩子过去的错误，他就会十分沮丧，觉得没有改过的可能，索性一错再错破罐子破摔了。

How：1. **不要在孩子吃饭的时候教训他。**这对他的身体不好。

2. **跟孩子说明，自己生气是因为他抢了邻居妹妹的彩笔。**直接指明当下的问题，容易让他明白自己的错误。

3. **只说当下，不说以前。**孩子今天的错不是因为过去的错引起的，你又何必翻旧账？

翻旧账会让孩子心有余悸

下雨天妈妈送团团去学校。路上他非要自己撑伞，要妈妈背包。妈妈告诉他：“撑伞很累的，一会你的小胳膊就酸了。”她紧捏着雨伞，不给团团。

团团跳起来抢雨伞，拿到伞柄后就往怀里拽。妈妈没有办法，只好松手，但是团团用劲太猛，妈妈一松手他身子往后一仰。紧急时刻，妈妈伸手一把拉住了团团，团团没有摔倒，但是团团手里的伞尖扎在妈妈的脖子上，血一下子流了出来。

没有雨伞遮挡的妈妈脖子上的血被雨水冲下来，流到白色的衬衫上。团团吓坏了，大声哭着说：“妈妈流血了，妈妈对不起，我不是故意的。”妈妈伤势并不重，发现旁边有家小药房开着门赶紧跑过去买了一些纱布，让药店的人包扎好，然后又送团团上学去了。

很多年过去了，团团已经长成大小伙子了。如果没看到妈妈脖子上那道疤痕，他几乎忘了这件事。

那天一家人商量着暑假去哪里玩。团团很想出远门旅游，他还没有去过南方。爸爸也很想去南方，他想去南方看看海。

可是妈妈死活不同意，说："去南方可以，但是不能去有海的地方。"父子俩大惑不解，问为什么。妈妈瞪了团团一眼，说："这还用问啊，你看看我的脖子。""脖子怎么了？"团团冲口而出，说完这句话后他也想起了往事，不由得低下了头。爸爸也想起了这件事，说："嗨，你是觉得那个疤痕不好看是吧？哎呀，只有你还觉得那是疤痕。你让团团看看，连个印记都没有了，早就看不见了。"

妈妈说："不管看见还是看不见，我就是不想去，我不喜欢水。你俩见了水就欣喜若狂。到时候你俩玩起来没完没了，谁都不管我。我到现在还不会游泳呢，去那有什么意思？""妈妈，您放心吧，我教您。我保证用一天的时间就教会您游泳。"团团信誓旦旦地说。

"得了吧，你不给我闯祸就是我的幸运了，"妈妈揶揄道，"我当年为啥那么怕水，还不是因为脖子受了伤。那次受伤后处理不当，结果脓肿发炎，差点要了我的命，我可不想旧事重演了。"团团又一次低下了头。

棒男孩教养妙招

Why：孩子并非有意犯错并伤害妈妈。这件事已经让团团非常后悔了，如果妈妈总是把这个话题翻出来，他会觉得妈妈没有原谅自己。这对于母子关系来说，是一个不好的信号。同时，他还可能因为妈妈的这些行为，学会斤斤计较。

How：1. **伤感情的旧事，一定要少提或不提。**虽是母子，但有些话说多了一样会产生隔阂。

2. **孩子低头时，就该打住话头。**孩子低头就表示后悔、难过，可是妈妈仍继续说，让他再次低头，他更难过了，情感的波动也更大了。

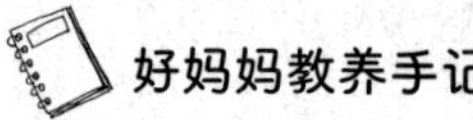

好妈妈教养手记

不管是什么样的旧账，它的本来面目都会随着时间的流逝有所改变。用旧账来教育孩子，不但不会让他有所警示，反而会因为加入了其他一些感情的、非感情的因素而使他产生混乱。这不利于教育，还会破坏母子关系。对于一个男孩来说，当下犯错当下教育，这是最好的时机。

“动不动警告我，您就事事能做好吗？”

妈妈：我是常常警告你，可那也是为了你好啊！

儿子：你做错的事情我也想到了，为啥我就不能警告你呢？

解答：这是一种不平等的关爱方式。其实教育应该是相互的，孩子虽然犯错太多，但成人犯错并不少。

男孩小的时候，尽管很淘气，尽管很叛逆，但是基本上全盘吸收妈妈的话，不管是理解的还是不理解的，“妈妈要求了，必须得做”。随着自我意识萌发，孩子发现了在妈妈压迫下成长着的自己，他开始知道什么叫不公平，抗争开始了。

妈妈一如既往地爱着那个小宝贝,时时刻刻经营着他的成长。可是忽然之间，一些顺理成章的管教，居然成了孩子反抗的导火索。他经常会说：“你凭什么管我？我不让你管！”

有一些妈妈会把这些当成大逆不道的话，会对儿子严加教训，让他认识到自己的错误。而有一些妈妈则会思考：孩子为什么会说这些话？

自己也无法事事做好，何必强求孩子

谁都没有想到，春暖花开的时候，忽如一夜冬风来，千树万树雪花开。小昭妈妈一打开窗帘，看到银装素裹，惊叹了一声："好美！这场雪不知道怎么下的，居然形成了漂亮的树挂。"

美是美，出行却麻烦了。妈妈招呼小昭："快点，快点，今天下大雪，咱们肯定不能骑车了，坐车也麻烦。你得加速行动，不然肯定迟到！"

一向磨磨蹭蹭的小昭，在妈妈的催促下加快了行动的速度。刷牙可以快，洗脸可以快，吃饭却无论如何快不起来。妈妈看着时间一点点过去，更急了，说："三分钟内，咱们出门就不会迟到，因为路上还得花掉二十分钟。三分钟内不走就会迟到。"

小昭艰难地咽下一小块鸡蛋黄。妈妈觉得自己有点过了，又说："慢点吃吧，儿子，没事，迟到就迟到吧，反正你不是没迟到过。"小昭一听马上放下饭碗，跑到门口去换鞋。妈妈又说："唉，儿子，穿厚一点，今天肯定特别冷，要是感冒就麻烦了。"

小昭又跑回去换厚一点的衣服。可在穿衣服的时候，小昭的内衣袖子不知道为啥就是穿不上。听到妈妈又在客厅里催促，小昭急了，喊妈妈过来帮忙。

妈妈三步并作两步跑过来，一看小昭袖子还没有穿上，更急了，说："你怎么这么笨呢？还这么磨蹭，一起床我就跟你说，今天必须快一点。你可好，越着急越出乱。"

好不容易准备妥当，妈妈背起小昭的书包，两人匆匆下楼。雪还真厚，足有二十厘米。由于是春雪，路上到处都是水，和着肮脏的污泥。小昭撒腿就跑，结果一脚踏进水坑里，水溅起老高，飞到了妈妈的衣服上面。妈妈惊叫一声，喊道："小昭，你给我走干净的路好不好？慢点走。你看看你的鞋子，进了水遭殃的可是你。"小昭急了，说："不是快迟到了吗？"

妈妈说："迟到了也没有办法，谁叫你刚才磨蹭？慢点走，捡干净的地方走。不要跑，别把鞋弄湿了。"小昭只好按照妈妈的要求做。可是被汽车碾过的马路，到处都是污水，不一会儿他的鞋就湿透了，他喊道："鞋湿了。"

妈妈说："我说什么来着？跟你说不要跑不要跑，让你捡干净的地方走，你就是不听。"小昭被教训了一早晨，终于生气了，说："那能怨我吗？我现在也没有跑啊？都怪你，你要是给我的鞋上套塑料袋，我也不至于弄湿了。"

“你倒埋怨起我来了。我有那么多事情要忙，你既然想到塑料袋，为啥不自己弄啊？”

“这事你也没有想到啊？你的鞋不是也湿了，为啥你只说我，不想想你自己呢？”

棒男孩教养妙招

Why：孩子生气完全可以理解。在这个故事里，我们看到妈妈一味唠叨催促，没有帮他做一点事，而且还把一切归咎到他身上。一句两句可以，说多了他自然不高兴。

How：1. **适当帮孩子做一点事。**比如说准备衣服和鞋子。偶尔帮一两次不会让孩子产生依赖心理。

2. **越着急越不能抱怨。**抱怨解决不了问题，只会让事情变糟。

3. **不要责怪孩子。**即使孩子错了，着急时也不能责怪他，而是找一个简单有效的方法。

即使你事事都能做好，也不能唠叨

庆庆的妈妈是一个策划，逻辑思维能力强，创新能力也很强，受到周围很多人的赞誉，她自己也很得意。庆庆很崇拜自己的妈妈。一天，母子俩吃完晚饭出去散步，指着大街两旁的广告栏和各种商标，大谈特谈。

庆庆经常说：“妈妈，我要是能像您那么优秀就好了！”妈妈说：“妈妈是小溪水，你得做大海才行。不过，就目前来说你需要跟妈妈学的地方还有很多，只要你天天跟我在一起，用不了多久就能学会。”

庆庆一听很兴奋，自此以后就经常缠着妈妈。其实庆庆喜欢的是创意，特别是企业 Logo，特别着迷。

跟着妈妈时间长了，他会不自觉地品评大街两旁那些广告和 Logo。比如，庆庆会说：“妈妈，您看，这家服装店从去年就说要撤店，可是撤了一年还在。

我敢说，这附近住的人，肯定都不愿意上这里来买东西。”

说完庆庆很期待地看着妈妈。妈妈马上说：“嗯，不过你不能一下子就否定了人家的这种方法。你也发现了，这家店在这里开了很长时间了，可还没有倒闭。存在即合理，要是不赢利，它早关门了。”

庆庆点点头，刚想说话，妈妈又说开了：“你一定要学会辩证地看问题，不能光看一个方面。这家店开在服装林立的店铺旁却屹立不倒，说明它这种方式很适合这一地区的人。”

庆庆被妈妈说得有点沮丧，但是一听妈妈又提出新的观点，马上问道：“为啥？”妈妈说：“因为这个地方有很大一部分外来人口。这些人租房子住，经济能力都很差，没有条件谈品牌，更喜欢便宜的东西。再加上撤店这个促销方式，很容易让人产生错觉，人们会想它的价钱肯定是最低的。”妈妈稍一停顿，又继续说：“庆庆啊，想做好策划非常不容易，不是一拍脑袋就能想出一个特别妙的主意来的，需要知识和经验的累积。不光是策划，做什么都要眼观六路、耳听八方。”

“做孙悟空啊？”庆庆笑道。

“不是孙悟空，做如来佛才行，孙悟空都翻不出如来佛的手心呢。这个世界上孙悟空太多，如来佛太少，你要想将来出人头地，就必须做如来佛，所以你现在必须好好修行。”

庆庆做了孙悟空的一个典型动作，然后沮丧地说：“妈妈，听您这么一说，我觉得未来太艰难了。”

“那不行啊，儿子。你现在就怕了，怎么能打好未来之仗呢？”

棒男孩教养妙招

Why：妈妈的话句句在理，却给儿子描述了一个很痛苦的未来：需要拔高再拔高，然后才能立足。这话说一句可以，说两句也不多，但是说得太多，就会让孩子产生恐惧。他会觉得，大不了我不去未来了。

How：1. 学会夸赞孩子。在所有的谈话中，妈妈很少夸赞庆庆，即使庆庆的想法很特别，他也没有得到妈妈的夸赞。

2. **不要把未来竞争描述得太惨烈**。有句话说得好：不要灭自己的威风，长别人的锐气。你的目的是激励孩子，应该多让孩子看到未来的希望，而不能让他绝望。

好妈妈教养手记

妈妈对儿子的警告，其初衷实际上是提醒，但其语言比提醒更严厉，更刺激人心，所以更容易引起男孩的反感、反抗，即使不反感、不反抗的男孩也会被妈妈的警告吓住，失去探索未来的信心。其实给孩子警告没有什么错，有时候还是必需的，但凡事不能过头，过犹不及，另外，警告时不要打击孩子。

“我也想做好，可就是达不到您的要求”

妈妈： 我没有别的要求，就是希望你能够做好。为了让你做好，我才在旁边给你加油助阵。

儿子： 您以为我不想？可是我就是达不到您的要求，我能怎么办啊？

解答： 所有的孩子都有积极向上之心。他们既想做一个优秀的孩子，也愿意按照父母的要求做一个完美的孩子。可是父母的要求太高了，他们感到疲惫，自然会反抗。

假设我们在工地上搬砖。一个工头要求我们一次必须搬十公斤以上，走的路程要在二十米以上，而且不能停歇。另一个工头只是给我们限制时间，只要在约定的时间内完成即可。

这两个工头，你会喜欢哪一个？我相信你肯定会选择第二个工头，这是理所当然的。一次搬十公斤走二十米，还不能停歇，要什么样的体力才能完成呀！现在，我们再来说对儿子的教育问题。很多妈妈有第一个工头的想法，要做就要狠做，而且不能间断。孩子说话的时候，我们总是嫌他幼稚，可是在要求孩子做事的时候，又把他当成了强壮的成人。

努力比聪明更重要

他有个绰号，叫小咖，善于模仿明星，特别是赵本山和郭德纲，他模仿得惟妙惟肖。为此小咖小小年纪就有了很多粉丝。这些粉丝一传十十传百，很快就有电视台知道了小咖的能力，于是就有几个还算有影响力的电视栏目找上门来。小咖的妈妈这才发现，家里居然藏着一个人才。她满心欢喜，请假陪着小咖去电视台表演。

头几次，小咖的表演可圈可点。很快，小咖就有了一定的知名度。**妈妈赫然发现，培养小咖才是最有价值的事情。于是妈妈特意辞职，专门培养小咖。**光学赵本山和郭德纲，只能红一时，要想永远红下去，必须有其他更高超的技能。妈妈决定，让小咖学习钢琴，学习相声，学习写作。妈妈千挑万选，终于为小咖找到了三位著名的老师。说他们著名，其实知名度只在教学方法上，至于在专业领域内，名号则不太响亮。但妈妈认定，会的不如会教的，于是毅然选择了这三位。

自此以后，小咖就开始了他艰难的岁月。妈妈为小咖制订了紧张的学习计划。每天都要催促着小咖学习，那些在计划、监督、检查上的唠叨，和前面一些妈妈的唠叨如出一辙："你得怎样，不能怎样，不然就会怎样，那样我就怎样怎样……"

妈妈一直以为，小咖那么聪明，把赵本山和郭德纲两位笑星模仿得那么像，学习这几项肯定没多大问题。可事实证明妈妈错了，小咖特别吃力。老师根据孩子的具体情况，根本就不敢加大学习力度。一直跟着监督检查的妈妈受不了了，她责怪几位老师："怎么这么多天了，一直只教简单的东西？"老师们异口同声说孩子没学好不能太快。三位老师都反映孩子没学好，妈妈有些不知所措了，心想：我家孩子不至于那么笨啊？怎么会跟不上呢？

她开始加大对小咖的思想教育，说："小咖啊，你那么聪明，不应该连这么简单的东西都不会啊？你怎么回事呢？是不想学吗？那可不行啊，你看你现在已经是明星了，如果你不继续好好学，你很快就会被淹没的。"小咖低声说："我已经很努力了，可就是没学会。"

"那不行。你学赵本山、郭德纲都那么好，这些简单的东西怎么能学不会呢？我看你肯定没下苦功夫。妈妈知道你很聪明，你只要发挥你的能力，就能一日千里。好了，从现在开始努力吧。"

小咖哭了，说："您就知道让我快点学好，可您不知道，我学赵本山学了八年，学郭德纲也学了五年……"

棒男孩教养妙招

Why：小咖妈妈犯了三个错误：第一，男孩自己喜欢他才能学好，男孩不喜欢，你强迫他他也学不好；第二，在某一方面能学好，在另一方面未必也能学得好；第三，妈妈没有看到孩子自我成长过程中所付出的时间代价，只是急于求成。

How：1. **不要把成名看得太重。**孩子当初学赵本山、郭德纲，未必是想成名，只是觉得好玩。而成名之后妈妈要求学这学那，又总告诫他不学习就圣名难继，这会给他带来很大的压力。

2. **不要急于求成。**一口吃不成胖子。

3. **赞孩子的努力，不赞孩子的聪明。**对孩子一生影响最大的是努力，而不是聪明。

别拿自己的孩子和最优秀的人比

小米的老公开了一家广告公司，而小米同学小静的老公是老总。小米和小静本来关系就好，又住在同一个小区，再加上老公在一起工作，两人自是无话不谈。小静说什么小米都不计较，哪怕小静半怒半怨，说小米老公用人太狠手又太黑，小米都不生气。但有一个话题提起来小米就苦恼，那就是两人的儿子。小米的儿子叫小博，小静的儿子叫小智。他们两人同岁同学校同年级同班，可小智处处都比小博表现好。他不但是班里的干部，还是学习标兵，深得各科老师的喜爱，在同学中间人气还很高。而小博学习不好，还喜欢打架，是老师的重点教育对象。

有时候小米和小静同时被请到学校，小米是替儿子挨训去了，而小静则是听表扬去了。这差距让小米很难受。如果小静拿儿子来调侃，小米就不能接受。那天，小静就说了一句："论老公，我不如你。可论儿子，我可要超过你了。"小米刚才还笑靥如花，一听这句话马上翻脸，乌云密布。

有了这满腔的怨气，在对待儿子时小米就不能平和了。她教训儿子："你就不能给妈长点脸吗？小智和你有什么不同啊？人家的家境还不如你呢，你怎么就不如人家呢？我什么都给你最好的，你哪怕有一点比人家强也好啊，你说我给你请的家教还少吗？为啥你的学习成绩就是不如人家好呢？”小博最讨厌听到小智的名字。由于两人同岁同校同年同班，老师拿他俩对比，邻居拿他俩对比，亲戚朋友都拿他俩对比，小博已经烦透了。如今，老妈也拿他俩对比，这让小博很郁闷。

小博气鼓鼓地说：“妈，您就是不相信我。您要是相信我，就等着看我怎么努力超过他！”

小米说：“我怎么不相信你了？以前就有人说过你俩吧，我那时候是怎么说的？我说小博很聪明，就是没有努力。你可好，把这当成借口了。一提起这事你就让我等着看你努力。我问你，你想啥时候努力？为啥不能现在努力？”小博挠了挠头，说：“妈，其实我真的很想超过小智，我也试过，可是我发现我好像就是不行。”

小米一听这话，拍着桌子怒喝道：“什么叫你不行？你爸能当小智爸爸的领导，他给了你那么好的基因，你为啥就不行？我告诉你，从现在开始，咱娘俩的目标就是超过小智。你要超过小智，老妈在小静阿姨面前才能抬起头啊！”听到妈妈这样说，小博一下子就蔫了。

妈妈继续说：“其实也没有什么难的，我发现你有个问题，就是不能集中注意力，经常开小差，学习成绩也不好。从现在开始，咱们练习注意力。我就不信，你超不过小智！”“好吧！”小博答道，但是他的语气弱弱的。

棒男孩教养妙招

Why：孩子最怕比，特别是和最优秀的人比，一比就气短。父母不能只顾自己的虚荣心，为了自己的面子要求孩子优秀，这对孩子不公平。

How：1. 可以向小智看齐，但目的是学习小智身上的优点。这样孩子会更明了竞争的意义，也能找到进步的方法。

2. 别用孩子的优秀找回自己的面子。孩子有孩子的世界，父母不要把孩子拉进自己的世界，做自己的工具。

3. **给孩子制订具体的目标。**提高注意力就是一个很好的小目标。朝着小目标慢慢推进。

好妈妈教养手记

男孩想做好，这本身就值得表扬。作为妈妈，不能因为男孩想做好而没有做好责怪他，帮助男孩提高才是你此刻最需要做的事情。你的经验，你的能力，以及你的语言，应该用在帮助孩子分析现状、做出规划和寻找适合他的学习方法上。当你这样做的时候，你的唠叨少了，母子关系融洽了，孩子还会取得很大的进步。一举三得，何乐不为？

“我光看您着急上火了，没听见说了什么”

妈妈： 我都气成这样了，你怎么无动于衷呢？你就不能认真反省一下吗？

儿子： 我是看到您发火了，可我光想着害怕了，没有听到您说什么。

解答： 妈妈唠叨时如果情绪失控，会让孩子产生心理负担，从而无法专注于需要解决的问题。

作为妈妈，我们总是有这样的想法：当孩子做错的时候，我们必须让他看到我们的怒火，并给他严厉的惩罚让他吸取教训，从此以后不再犯错。特别是男孩，做了错事后妈妈一定会给他点颜色看看，甚至会让他受点皮肉之苦。

我常常听到一些小男孩拒绝同伴提出的要求时这样说：“不行，我妈会打死我的。”似乎这种惩罚方式起了作用，孩子知道怕了。

但我们不能得意，如果你听到过另一些孩子说的话，可能会大跌眼镜。他们是这样说的：“没事，你只要不跟她说就行了。咱们做得隐秘一点。这种事，千年一遇，过了这个村就没有这个店了！”怎么样？听完这些话，是不是心有余悸？对，孩子就是这样，你有管教之策，他有对付之方啊！

光骂孩子，根本解决不了问题

小钟妈妈下班走进小区时，有个老太太跑过来，拉着她说：“快点去看看你儿子吧，他肯定闯祸了！”

妈妈一听吓了一跳，赶忙问怎么回事。老太太告诉她，小钟给一个女孩子塞了纸条，两人现在都跑到小区花园去了。

妈妈听完不知所措。天色已经慢慢暗下来了，花园又与小区间隔着一座土山，谁知两个孩子在里面干什么。她顾不得多说，转身就奔花园而去。

花园里有一个长廊，长廊顶上是一些缠绕的藤条，它把整个长廊遮得一团黑。妈妈慢慢落脚，轻声走着，想看看小钟到底在干什么。绕过了好几个树丛，穿过了花坛，妈妈来到了长廊的尽头。由于靠着建筑物，长廊显得更黑，但小钟妈妈能隐隐约约看见一个人影。再细看，那不是一个人，是两个人手拉着手靠在一起。

小钟妈妈气急败坏，一个箭步冲过去，也不管是谁，抡起背包打了过去。两人吓了一跳，一个纤瘦的身影夺路而逃，剩下的那个在喘着粗气。妈妈一看，留下来的果然是小钟。老太太不知道什么时候也过来了，指着小钟的脑门说：“孩子啊，你这样可不行。你才多大就祸害人家姑娘。”妈妈一听怒火更旺，左右开弓给了小钟两个大耳光，一边打还一边骂：“你真是要死啦，这么小就敢乱来。你才多大啊？你不想让我省心是吧？”

两个耳光后还不解气，妈妈又开始动用双腿。她狠狠地踹了小钟一脚。惊魂未定的小钟一下子被踹倒在地。老太太见此情景，赶紧过来阻拦，并劝说小钟妈妈。小钟妈妈揪着小钟的耳朵，把他领回了家。一路上，妈妈不停地说着：“你真会给我丢脸。你怎么想不出更高明一点的方法呢？你这些招都是跟谁学的？你们班同学都这样吗？”

路上有很多认识的人和他们打招呼，老太太也跟在后面，小钟妈妈却不松手。小钟感觉颜面扫地，既害怕又震惊更沮丧，感觉就像做梦一样，明明刚才还是甜蜜幸福，一秒钟后就来了个大反转，仿佛天塌地陷一般。回到家妈妈让小钟跪在地上，开始大声斥责他。妈妈的声音很大，很尖锐。可是情绪剧烈变化的他有点惊吓过度，感觉极不舒服，也听不清妈妈的话了，只听到妈妈的声音一会呼啸着来，一会又裹挟着杂音去了。

妈妈骂累了，起身想倒一杯水。小钟仿佛松了一口气，“咣当”一下就躺倒在地上。

棒男孩教养妙招

Why：少不更事的孩子做“坏事”时，本来就战战兢兢，还被妈妈抓了个正着，差点被妈妈打了个半死，这时候他心里只有恐惧。其实这不利于孩子认清自己所作所为的性质，妈妈也不可能通过打骂让孩子改正错误。

How：1. **不要惊吓孩子**。尽管是男孩，也有脆弱的一面。特别是年纪尚小的男孩，惊吓对他来说是一种极大的精神刺激。

2. **回家再教育孩子**。妈妈要维护孩子的自尊。

3. **不要把问题严重化**。青春期异性相吸，是生理发育所致，妈妈需要教给孩子一些常识，并要帮助他学会自制。

分清发火是为了孩子还是自己

小河是三年级的男生，特别喜欢游泳。他们家和学校之间有一条河，放学后，小河就会和伙伴们一起跑到河边，把书包往河滩上一扔，然后一个猛子扎进去，直玩到天色黑透才罢休。玩得尽兴的时候，天黑了他还不愿意回家，就到附近的同学家里吃饭，吃完饭继续玩。

小河的妈妈最讨厌小河去别人家吃饭，虽然都是乡里乡亲的，但是小河家是外来户，妈妈怕人家不喜欢小河，连带着也看不起自己。

因此，妈妈严肃地警告过小河：放学后可以在河里游泳，但游泳的时间不要超过一个小时，一小时后一定要回家吃饭。妈妈特别强调，千万不要去别人家吃饭。小河在妈妈的严厉目光下，也承诺游一小时后就回来，但他还是忍受不了诱惑，不是回来得特别晚，就是又在别人家吃过饭了。那天，小河的妈妈下班回家做好饭，等了很久小河还是没有回来。她就跑到河边去找，可是河边只有几个不认识的孩子。

小河妈妈知道小河肯定又钻进同学家了，只好挨家挨户地去找。找到第十家的时候，离得很远她就听到小河的笑闹声。

妈妈的火“腾”一下就上来了。她想起小河以前在自己面前诚恳承诺的样子，现在违背诺言还高兴成这样，这还了得？她在院门口大声喊小河，声音非常尖利，穿透了整个夜空。院子里的笑闹声戛然而止，夜变得更静了。妈妈又喊了一声，然后听到几个男孩的笑声。这是小河的伙伴们准备看他的热闹了。“好吧，那就准备好了，好戏来了！”妈妈恨恨地想。

不一会儿小河从院子里挪出来了，后面还跟着几个男孩。他们叽叽咕咕地说着一些不着边际的话，并把小河推到了妈妈身边。

小河走到身边，妈妈伸手就给了他一个耳光，那耳光太响亮了，比刚才妈妈叫小河的声音还脆，似乎传得更远。

小河身后的孩子不敢说话了，仿佛害怕下一耳光会抡到他们的脸上。妈妈还是气不过，又攥着拳头捶了小河一下。小河疼得眼泪流下来了，但是不敢出声。

有一个孩子忍不住了，说：“阿姨，小河没有做错什么，他没有在我家吃饭。我刚才让他在这里吃，他都没有吃。而且很早他就嚷着要走，是我们几个死拉住他不放，他才留下来的。”那几个孩子纷纷作证。

妈妈没再说什么，把小河领走了。晚上小河睡了，她看着小河右胳膊上的青痕，不由得心疼起来。爸爸在旁边看了，叹口气说：“不知道你为啥这样？孩子去那里有什么不对？”

棒男孩教养妙招

Why：发火的时候，你要想想这些火气到底是源自自己内心，还是真的为了教育孩子。很多时候，我们分不清自己和孩子的界限，为了顾全自己的面子冲孩子发火，这会深深伤害孩子。

How：1. 不要轻易对孩子发火。火一旦点燃，很容易烧伤他。

2. 随时检视自己的情绪。不要把自己的情绪带到孩子的教育中。

3. 分清自己与孩子的界限。不能让孩子替你达到目的。

好妈妈教养手记

不管孩子是否做错，我们教育的目的都是让他成长得更好，可是向孩子发火无法达到目的。如果父母是为了自己的私心而发火，对孩子的伤害就更大。即使孩子不反抗，他从你这里学到的和总结出来的，也大多都是负面的东西。比如，撒谎掩盖，或者向别人施暴。

“为什么有些事，我问都不能问？”

妈妈：别问这些事，等你长大了就知道了。

儿子：为什么不能问？我有什么事你都问个不休，我问你一件小事，你就推三阻四，有一万个理由！

解答：孩子不懂人情世故，提问的时候可能没有考虑场合，但妈妈越不回答，孩子就越好奇。你不告诉他，他会找其他的途径了解。

孩子在成人面前，是毫无隐私可言的。大多数妈妈也不觉得孩子需要隐私，如果孩子没有汇报他的大事小情，她们还会生气。

但成人在孩子面前却有所保留。成人最不愿意告诉孩子的问题，就是关于出生和性的问题，这是个禁区。在成人的意识里，这个东西有点颜色，对孩子说早了，怕孩子学坏。

还有其他一些问题，比如，家丑不能说。“爸爸妈妈昨晚在家里吵架了……”要是孩子敢这样张口，父母就敢用大号饭团堵住孩子的嘴。成人的禁忌太多，不谙世事的孩子是不懂的。

提都不能提的事，男孩越好奇

很小的时候，有一次和妈妈去公园玩，磊磊要撒尿，附近又没有公厕，妈妈把他领到一处偏僻的花丛，让他站在那里撒尿。磊磊撒完尿回来，正看到一个小女孩也蹲在路边撒尿。他很奇怪，就跑过去问道：“为什么你不站着尿尿？”

小女孩的妈妈赶紧把她抱走了。磊磊的妈妈羞惭极了，轻拍了一下他的小胳膊，悄声说：“人家是女孩子，没有小鸡鸡，自然不能站着撒尿了。”这时候，一个小伙子拿着相机到花丛里来拍照。磊磊看见了，指着他问妈妈：“妈妈，叔叔有没有小鸡鸡？”

那个小伙子一听，奇怪地看了一眼磊磊妈妈。她脸都红了，赶紧抱着磊磊走了，一边走还一边说：“我的宝贝儿子，这些话不能随便乱说，不然会被人笑话的。”

磊磊点头表示明白，但还是继续问：“叔叔到底有没有小鸡鸡？”妈妈怒了，说：“我告诉你了，只要是关于小鸡鸡的话，就不能说，听到没有啊？”

磊磊五岁那年，妈妈想给磊磊请一个英语家庭教师。磊磊非常不愿意，他说：“我还没有玩够，我想玩，不想学习。”

妈妈哪里肯让磊磊胡闹，就说：“那不行，你看看外面的孩子，哪一个不是很小就开始学啊？你现在学都晚了，还要等以后啊？别闹啊，再闹我就惩罚你了。我会罚你把所有时间都用来学习。”

磊磊无奈，只好妥协。不久家庭教师上门来了，是一个小伙子。妈妈向磊磊介绍道：“这是姬老师，快跟姬老师问好。”

磊磊一听就乐了，上下左右地打量着这个小伙子。小伙子摸着他的头说：“怎么？你想从叔叔这里看到什么？”

磊磊笑嘻嘻地说：“我想看你的小鸡鸡！”

小伙子大学还没有毕业，一听磊磊这样说，害羞得满面通红，课也不教了扭头就走。磊磊的妈妈紧追了两步，又觉得实在无法说清楚，就停了下来。

妈妈气冲冲看着磊磊。磊磊倒是一副很无辜的样子，说：“叔叔肯定是有小鸡鸡的吧？我要看看他小鸡鸡没有错啊！”

妈妈气得大骂道：“除了这个词，你还知道其他的吗？我看你骨子里就透着坏，真不是良民，把叔叔都气走了。我再次警告你不管是谁来咱家，你要是再敢说‘小鸡鸡’三个字，我就会把你打出门去。”

棒男孩教养妙招

Why：五岁的男孩未必真要出妈妈的丑，可是妈妈的唠叨和妈妈的禁区两者差异太大，孩子不可能分得清。妈妈唠叨的话他未必记得住，但是妈妈禁止的事情他一定记得牢，因为是禁区，更刺激了男孩的好奇心。

How：1. **该给孩子解释清楚的一定要解释清楚。**专家们一直在呼吁，孩子的性教育越早开始越好，早说明白了，孩子就不会因为好奇而犯错。

2. **与其禁止问，不如告诉他为什么不该问。**妈妈唠叨半天，警告孩子不能问，却没有说为什么，这样孩子会更好奇，而且也不会认识到问题的严重性，下一次他还会继续问。

家丑不能外扬，男孩作文都写不成

小贺最不喜欢作文课，写一篇四百字的作文，他得用上一天的时间，还不一定能写完。如果作文不是留在周末，而是留在某个晚上，那小贺一家都会跟着不得安宁。

小贺写一篇撕一篇，弄得满地都是纸。他一惊一乍地让人不知道发生了什么事。每当此时妈妈就说："有什么大不了的，不就是写一篇作文吗？有这么难吗？我看看啥题目？"

小贺的作文题目都很简单，《我的爸爸》《我的妈妈》《生活中一件难忘的事》《我最喜欢的……》。

这一天，小贺的作文题目是《我的爸爸》。

妈妈开导小贺："作文太容易写了。生活中是什么样，你就怎么写就行了。越贴近生活，你写得就越生动。"

小贺嘟着嘴说："那不行，咱家的事就不能写！"

"为啥？""您不是总说'家丑不可外扬'吗？您天天唠叨，说我爸抽烟，说我爸没有自制力，我能这么写吗？我要是这么写了，我们班同学都得笑话我！"

"你非得写你爸抽烟啊？你爸不是还有好多优点吗？"

“我天天听您唠叨，就没有听见他有什么优点。”

小贺的爸爸在一旁接茬说：“对啊，儿子，你算是给爸爸作证了。你妈妈就是这样，我优秀的地方一概看不见，每天就知道拿着放大镜看我的缺点。儿子啊，你是爸爸的知音啊。”

妈妈白了爸爸一眼，接着对小贺说：“你要是实在找不到你爸爸的优点，就瞎编一些，比如说你爸爸和你一起踢球。”

“这是事实，爸爸周末经常带我去运动。”小贺说。

“就是啊，为什么不能写这个呢？”

“您说我们爷俩就知道玩，从来不知道帮你干点活，还说我是不孝子。我要是这么写，我和爸爸的形象都不好，您的形象也被破坏掉了。”

妈妈一时间无言以对。

棒男孩教养妙招

Why：平时唠叨得太多，孩子接收的负面信息就越多，而你唠叨中所谓“家丑不可外扬”的禁忌话题，对孩子也会有所束缚。孩子会不知道哪些话该说，哪些话不该说。

How：1. 平时少唠叨。这位妈妈对儿子唠叨，对丈夫也唠叨，结果两人都很厌烦，妈妈无端为自己树立了两个“敌人”。

2. 不要给孩子设立太多的禁忌。虽然男孩敢闯，但妈妈的禁忌多了，孩子也会有所忌讳。

好妈妈教养手记

妈妈不让说的事，儿子反而很想听，特别是平时喜欢唠叨的妈妈，越不让孩子说越能引起他的好奇。而儿子的好奇心越旺盛，越会找到更多的方法，刺激妈妈多说一些“不能说”的事，又或者妈妈不让他说的事情太多，他会变得缩手缩脚，不敢痛快表达。

第5章

放松神经去教养

宽松教育才能换来男孩的敬佩和感激

小错天天有，大错隔天犯，不盯紧点能行吗？

跟朋友一会儿可以两肋插刀，一会儿变得老死不相往来，我真的可以放任不管吗？

每次去她家，都看到她和孩子聊得热火朝天，为什么她的孩子什么秘密都愿意跟她分享？

站在孩子的立场想问题

妈妈：你天天闯祸，我天天提心吊胆，没有一天让人省心。

儿子：您把什么事都当成大事、坏事，才会这样。

解答：关心孩子、关注孩子，这是好事，但不要草木皆兵、风声鹤唳。过于敏感，不但让你无法顾全大局，同时还会伤害孩子。

为了孩子将来能够出人头地，或者因为孩子总是喜欢闯祸，或者把孩子的事情看得重于一切，妈妈们变得特别敏感。所谓无欲则刚、关心则乱。

小说中常有这样的场景，为了牵制某个厉害角色，必须擒获这个人物的至亲至爱之人。这样，即使他武功再强，也不敢施展分毫。

现实生活中有很多妈妈，由于过分担心孩子受伤，总是唠唠叨叨，要求孩子随时在自己的视线之内。就这样，妈妈把孩子当成了自己的人质，也把自己当成了孩子的人质。母子俩捆绑在一起，安全似乎安全了，但对谁都没有好处。

小错误都不放过，未免太严厉

小简出事了。来找他妈妈的，是小区商店里的老板娘。这是个凶悍的女人，她拧着小简的耳朵敲开了他家的门。

妈妈一开门，看到这样一副场景吓了一跳。老板娘松开了手，阴沉着脸说："别怪我对你家孩子不客气啊。你说说，才这么大一个小孩，就知道偷东西。我这可是为你好，你要是现在不管教，等坏毛病慢慢养成了，再想管教都来不及了。”

妈妈一把将小简拽到自己身边，问他偷什么东西了。小简低头不吭声。老板娘哼了一声说：“行了，我就跟你说这事。东西我已经拿回来了。孩子我交给你，至于你教育不教育，那是你的事情了。”说完老板娘走了。

小简妈妈这个气啊，伸手就要拧小简的耳朵，可是猛然想起刚才那个老板娘就是这样把孩子揪回来的，到现在他的耳朵还红的呢。她放下了手，想打他两下，又舍不得。她有气无力地走到沙发旁坐下，然后对小简喝道：“给我跪下。”

小简乖乖地跪下了。孩子刚才可能吓坏了，此时才想起来哭，眼泪簌簌地往下掉，害怕妈妈训斥，就用小手使劲抹眼睛，也不敢出声哭，紧紧咬着嘴唇。妈妈问道：“给我老实交代，到底是怎么回事？”

小简抽泣了一下，又赶紧咬住嘴唇，好半天才张口说：“妈妈，我其实没有偷，我只是拿了一块橡皮放在手上，又看别的东西，然后就忘了。阿姨就说我偷东西。”

“你现在还学会撒谎了？你要是没有偷，人家会因为这点小事对你大动肝火？”

“我真的没有。”“你说的我能信，可是人家能信吗？你真给我丢人啊。都在一个小区里住着，以后我出去，人家会在背后指点着我说：‘这个人的儿子是个小偷。’他们也会在你的背后指点着你说：‘这个小孩是小偷。’到时候我看你还有什么脸面在这里待下去？”

“妈妈……”小简终于忍不住了，他放声大哭。

“你有什么委屈的？都被人抓了个正着，还被人送到家里，你还有脸哭？赶紧给我闭上嘴，你希望左邻右舍都听见你的声音，是吗？”

小简闭上了嘴，眼泪却流得更厉害了。

棒男孩教养妙招

Why：不管孩子是不是撒谎，孩子第一次做这种事时，要予以理解。千万不能像小简妈妈这样伤害他。一旦他的自尊心受到了伤害，要么产生自卑心理，要么产生仇恨报复心理。不管哪种心理，对孩子的未来都没有好处。

How：1. 别人已经惩罚了孩子，此时妈妈要先允许孩子发泄一下自己的情绪。遭受惩罚的孩子，情绪波动会非常大。如果妈妈继续惩罚孩子，他会感觉压力更大。

2. 和颜悦色地听孩子诉说缘由。即使孩子撒谎，也要表示相信。

3. 告诉孩子：你这样做，人家都会认为你偷了东西。你自己没有偷东西的心，这是非常好的，我希望你能坚持这样的原则。同时，以后不要再忘记，没付钱之前，东西就不属于你。

舍不得撒手，鸟儿怎能学会飞翔?

妈妈发现星星特别莽撞。他刚学会走路的时候，就显得特别急躁，总是跌跌撞撞地往前跑，顾不得身边有什么样的障碍物。教星星走路时，妈妈就胆战心惊的，随时站在他身边，看他要撞上东西了，就赶紧把他抱起来。因此，星星学走路用的时间比别人长很多。

稍微大一点星星更是摔东砸西，凡是经他手的东西，大多“性命”不保，牺牲在他手底下的碗碟就不下几百个。妈妈实在受不了了，给星星准备了一些“摔不坏”餐具，塑料的、金属的，就是没有瓷器的、玻璃的。

尽管如此，星星的那些餐具用了不到半年，就残破不堪，仿佛经历过一场严重的战乱。妈妈每见到餐具都忍不住唠叨：“这孩子怎么那么会摔东西呢？真不知道他什么时候才能长大。”

伺候星星吃饭的时候，妈妈更是唠叨不断：“星星啊，拿住了碗！用两手捧着。”“星星，把碗放到桌子中间。哎呀哎呀，你看，掉地下了吧，快点捡起来。”“星星啊，你走路看着点前面，别盯着你脚底下，行吗？”

妈妈最不能容忍星星玩刀子、叉子、枪这些危险的玩具。不但如此，星星还喜欢把自己打扮得酷酷的，然后玩飞刀、掷飞叉、打珠粒子弹。

星星家的家具经常遭到这些东西的破坏，妈妈最担心的还不是这个，是星星自己。这些东西明明都是向外发射的，不知道经历了怎样的轨迹，竟然转回身伤到了星星自己。不是叉子扎到了脚上，就是子弹打到了脸上，这太危险了。妈妈严令禁止星星玩这些东西。可是在家里禁住了，他就上别人家玩。

不管是在谁家，不管有多少个玩闹的孩子，也不管那玩具有怎样的保险措施，星星还是那个最容易受伤的孩子。妈妈以为星星是发育不良，就到医院去检查。医生看看星星那高高的个子，还有强壮的身体，表示怀疑，但还是给他检查了各项指标，结果并没有什么异常。

不过，医生告诉星星妈妈："这孩子之所以这样，可能是小时候没有受到训练，你现在更不能限制他，得让他玩一些锻炼灵活性的游戏。"

棒男孩教养妙招

Why：问题就出在星星刚开始走路的阶段。孩子刚走路的时候都是跌跌撞撞的，难免摔跤，拿东西不稳也是正常的。这是因为大脑皮层的抑制机能还没有发展成熟，所以他会笨手笨脚。只有多锻炼，他的大脑才能更快发育成熟。

How：1. **孩子刚学会走路时，少帮扶。**妈妈可以把孩子放在安全的环境中学走路，但不要一看到孩子快摔倒就过去帮扶，那样他永远学不会走路。

2. **多给孩子锻炼的机会。**孩子之所以莽撞，除了生理原因，就是经验缺乏所致。所以妈妈要给孩子锻炼灵活性的机会。

好妈妈教养手记

孩子就只有一个，他的一切，我们都应该重视起来。在这里我是想要各位妈妈意识到，重视不等于过度关注，不等于过度教育，不等于过度束缚。如果妈妈们过于敏感，过于疼爱孩子，就可能伤害他。

像朋友一样和男孩聊天

妈妈：我问你话的时候，你不愿意说，现在又来找我？

儿子：妈妈，您问我话是教训我，我就不能和您聊点别的吗？

解答：妈妈和儿子之间不但是教育与被教育的关系，还应该是朋友，甚至是知心朋友。如果母子间的沟通只剩下教育，两人肯定会离心离德。

孩子刚出生的时候，我们抱着那一团还分辨不清相貌的肉团团，什么甜蜜的话都说得出口。可是随着孩子慢慢长大，会说话了，会独立做事了，最重要的是会犯错了，我们和他之间的话就减少了很多，最后少到只剩下说教了。就像对一直和我们保持距离的领导一样，孩子对于只会言必教育的妈妈也会不动声色地保持距离。即使妈妈偶尔表现出慈爱、睿智或者幽默，孩子也会非常警觉，只应景似的哈哈几声作为回应，绝不敢让感情再深入一点。

和男孩愉快的聊天不会降低你的权威

有位职业女性，她很喜欢儿子乖乖听话的样子。听到别人管不了孩子，她特别纳闷，就说："我家儿子不怕别人可以，但一定得怕我。在她姥姥家他不想洗澡，姥姥姥爷怎么说都不听，可一听到我开门的声音，'哧溜'就钻进卫生间了。"

她说得很形象，特别是在说道"哧溜"两个字时，还特意加强了语气，我们这些听者不由得哈哈大笑。

她又继续说："男孩，你就得趁早约束他。我就见不得一些妈妈把孩子当成娇宝贝，不能严格教育。'严师出高徒，严母出好仔。'"

这位职业女性说话时，透着一股干练和精明，还有那么一点点威严。有人问她，平时是不是总绷着脸跟孩子说话。

这位妈妈说："不会，我要是老绷着脸，孩子肯定把我当成了医生或者老师了，我在孩子面前还是挺温和的。不过他要是犯错，我是绝对不会姑息的。"

我问她："您平时和孩子都聊些什么？"

"就是一些日常生活的话题，他的学习情况啊，他对未来的规划啊。不管我说什么，孩子都会认真听。"

我又问："你们母子俩会坐在一起看电视吗？"

"不会，我不允许他看电视。你知道吗？电视就是精神垃圾，我可不想我的儿子很早就被垃圾毒害，没有我的允许，他不敢看电视。"

"那您平时也不看吗？"有个朋友继续问。

"我累了的时候会看一些有意思的节目，大多数时候都不会看。小孩子的克制能力特别差，我要是坐着看电视，他肯定马上凑过来。看我不高兴了，他就会走开，不过总是一会过来拿点这个，一会过来干点那个，找借口也要瞟上几眼。"

"其实有些节目挺有意思的，也可以和孩子一起看。娘俩坐在一起，边看边聊天，不是挺好吗？"我说。

"我要是开了这个先河，那他就不怕我了。有时候我想，得和他保持点距离，也得保持点神秘感，他有点怕你，在做什么事情之前才会三思而行。"这位妈妈刚说到这里，就遭到了很多妈妈的反对，他们纷纷表示："这都是古代的教育方法，现在还有谁这样对待孩子啊。现在讲究的是亲子关系。"这位妈妈不以为然："我不这样认为，我没有觉得这样有什么不好，至少我儿子不会不听我的话。"

我说："你现在故意和他保持距离，孩子慢慢长大，总有一天懂得比你多。那时候你又怎么拉近和孩子的距离呢？"这位妈妈没有想过。

棒男孩教养妙招

Why：如果为了保持自己的权威性，就不和儿子愉快地聊天，那么母子的感情就无法保持温馨、融洽的局面。而且任何一个人的权威性都不是绝对的，一旦孩子长大，知之甚多，那么你的权威性将不复存在，而你过去所谓的“权威”则会让孩子耿耿于怀。

How：1. **和孩子一起看电视**。周末选择一个合适的时间，选择一档适合孩子看的节目，和他一起看，你不但可以享受天伦之乐，还能融洽母子关系。

2. **不要总绷着脸和孩子说话**。你老绷着脸，孩子是不敢在你面前造次，但其他有意思的话题，他也不敢和你分享了。

话题，只要你想找，就能找到

青青是我的朋友，她的儿子已经十二岁了。每次她看到我和女儿聊得热火朝天就特别羡慕，总是说：“要是我和虫虫也能这样就好了。”

虫虫是青青儿子的乳名，这是他最讨厌的名字，但是青青一直这样喊他。

女儿不解地问青青：“阿姨，你为什么不能和哥哥这样聊天啊？”

青青说：“我倒是想和他聊啊，可是没有话题。他说的那些我听着就头疼，我说的他听着更头疼。”

女儿说：“那您就聊我和妈妈聊的话题。”

我们聊什么呢？我们聊的是她们班上小女生之间关系好好坏坏的事。青青一听女儿这么说，赶紧摆摆手，说：“算了，你是小女孩，和妈妈絮叨这些事还好。我家虫虫是绝对不会跟我说这些的。”

“谁说的？上次我和哥哥一起玩的时候，我跟他说我们班女生有几个口头禅，他就跟我说了他们班女生都有什么口头禅。”女儿不服气地说。

“是吗？这不可能吧。”青青笑了，觉得不可思议。

“我也听见了。青青，我发现你跟孩子说话绕不开三样东西，健康、学习、习惯。你要是天天跟我说这些我也没有什么可以和你说的。”我说。“不会吧，我没有吧？哦，好像是哈。”青青边说边回想着，说到最后不禁笑了。

“其实聊天不用在乎什么话题，我和女儿净说些鸡毛蒜皮的事。她也是格外喜欢唠叨，她一唠叨就勾起我的话来了，然后我也唠叨。我们俩对着絮叨，就絮叨到一块了。”

“哈哈，唠叨唠叨，絮叨絮叨，妈妈，您不是说当妈妈的，不能瞎唠叨吗？”女儿说。

“此唠叨非彼唠叨。我的唠叨是因你唠叨而起，所以，我的唠叨就不算是唠叨啦。”我故意做了个鬼脸。

青青看着我说：“你真是一点儿都不维护自己的权威，跟孩子说话时一点也不讲究。”

“你要是讲究了，他恐怕就不跟你说了。”我说。

“对啊，阿姨，有些话我就不敢跟您说，因为我怕您不爱听。我觉得哥哥也是。”女儿又插进来凑热闹，“当然，男孩可能不像女孩子这样好沟通。但只要你不特别顾虑话题，我觉得还是有话可说的。”

棒男孩教养妙招

Why：孩子和你生活在一个空间里，应该有很多共同话题，比如你新研究了一道菜，可以请他来品尝点评一下。越是想正襟危坐认真谈话，你就越难找到和孩子沟通的话题。

How：1. **把男孩的爱好当话题**。这对于孩子来说，肯定是百谈不厌的。但妈妈必须准备好，多了解一下孩子的爱好以及相关的知识。可以在关键的时刻指点一下他，他肯定对你敬佩有加。

2. **家里的大事也可以找孩子聊聊**。你越重视孩子的意见，他就越会开动脑筋给你出高招。

3. **也可以和孩子聊时事**。这也是男孩很喜欢的话题。

好妈妈教养手记

作为妈妈，由于心思细密，加之照顾孩子最多，和他之间应该有很多话题。不管孩子多大，不管孩子知道了多少你不知道的知识，只要你从语言和行为上没有表现出训教他的姿态，你们就能沟通。你找不到合适的话题，可以从孩子那里找。要知道，和孩子的沟通越顺畅，你成功施教的概率也就越大。

把男孩犯错的时机变成成长契机

妈妈：我绝对不能眼睁睁看着你犯错，那我还是当妈的吗？

儿子：像踩个水坑、做个错题什么的，错了就错了，有什么大不了？你还大呼小叫，我本来意识到错了，被你一吓又忘了。

解答：孩子的成长本身就是一个纠错过程。有时候让他直接体验错误的结果，对他更具教育意义。所以在保证安全的情况下，你可以眼睁睁看着他犯错。

我看过一些独自一人带孩子的妈妈的生活状态。不管她们是什么职业，也不管她们聪明与否，在带孩子的问题上，几乎个个神通广大、眼观六路、耳听八方。不过，这六路都是和孩子有关的路，这八方也是与孩子有关的八方。她们总是能在关键的时刻避免孩子犯错。

有一位妈妈带着五岁的儿子去商场。她看中了一双鞋，想要试一下，就坐下来换鞋。但她就是不看鞋，眼睛盯着孩子，嘴里还不停唠叨："儿子，不要往外走，就在这里面待着，不然一会妈妈看不到你了。看着看着，前面是一个柜子，别磕了头。"孩子很听话，抬头看了看，绕着柜子走了。

可这位妈妈呢，她穿了好长时间也穿不进去，就对售货员说："麻烦您再给我找一双大点的。"售货员看着她，忍不住大笑起来，笑完后她说："您穿反了，脚板伸到鞋跟那了，怎么能穿进去呢？"

试想一下，这个孩子碰到了头，又会怎么样呢？

小错小伤，让孩子长记性

琳琳离婚了，儿子小毅只有六岁。前夫是一个很小气且没有责任感的男人，琳琳一分钱抚养费也没有拿到。她一下子变得紧张起来，因为她要一边工作一边带孩子。

可是琳琳毕竟是一个普通女人，没有三头六臂，顾了孩子就顾不了工作，顾了工作就顾不了孩子。琳琳焦头烂额，只好分时段进行，某个时段哪方面更重要就偏于哪方面。

三月份的时候，琳琳的单位接了一个大单。老板非常重视这个单子，特意召开会议强调：在此期间，谁都不允许请假，谁都不允许耽误工作进程，否则重罚。

重罚就意味着失去工资和奖金，而这是琳琳和小毅的生活来源。那段时间，即使在家琳琳也想着工作上的事情，她得随时在脑子里梳理整个工作流程。

小毅毕竟还小，经常想和妈妈一起玩。这时候琳琳就会严肃地说："不要打扰妈妈，否则咱俩连饭都吃不上了。"小毅不懂，哭闹不休，琳琳就将他抱到阳台上，给他一堆玩具，让他自己随便摆弄。

那都是一些玩过的玩具，琳琳把这些玩具拆散、打乱，然后让孩子自己组装。小毅很喜欢玩这个游戏。

妈妈去书房工作了，小毅就一个人吭哧吭哧在阳台上玩。阳台上有一个晾衣架，小毅一抬头，就碰到了晾衣架上，虽然不疼，但他还是哇哇哭起来。

琳琳吓了一跳，赶紧跑出来。小毅指着晾衣架说："碰到了。"琳琳看了看晾衣架，估计不会伤害到孩子，就过来揉了揉他的头，说："没关系的，下次小心点。"

隔了一会儿，小毅又哇哇哭起来。妈妈没有出来，在房间里喊道："怎么了？"小毅嘟嘟囔囔地说："碰到晾衣架了。"妈妈就说："自己揉揉，一会就好了。"小毅很听话，自己揉揉头。

等到再碰到晾衣架的时候，他就不哭了，反而很懊恼地说："小毅，你真没记性，怎么就记不住呢？"

妈妈忙了一会，出来看小毅。她刚走出门来，一眼看到小毅正在晾衣架下面挣扎。

她吓了一跳，赶紧跑过来。小毅见妈妈很紧张的样子，反而安慰妈妈说："没事的，晾衣架没有扎疼我，是我不小心，被一根长绳子绊倒了。"琳琳的眼泪夺眶而出。

棒男孩教养妙招

Why：尽管孩子显得很懂事时，做妈妈的会特别心酸，可事实上，真的只有这样对孩子的教育才是好的。你越是紧张兮兮，容不得孩子有一点小闪失，那将来长大他犯错的概率就更大，犯的错误也会更大。更麻烦的是，他会不知道怎么解决，很可能把烂摊子交给你。

How：1. 给孩子一个安全的环境。只要阳台上没有其他更危险的东西，可以让孩子自己玩耍。

2. 告诉孩子一些预防和补救措施。比如碰到衣架，可以揉揉脑袋。

让孩子自己找到纠错的方法

这是我从一位朋友那里听来的故事。

小宫是忠忠的继父，有些权势。忠忠不喜欢这个继父，尽管他长相好、有才华、能力强、态度和蔼，但忠忠本能地觉得后爸会害自己。

为了讨继子的欢心，小宫没少费功夫，最后，动用了权势，才打动了忠忠的妈妈。忠忠也慢慢改变了态度，和小宫亲近起来。

这对于小宫来说太难得了。他特别谨慎，很怕刚建立起来的亲子关系又被什么破坏。然而生活总是会有这样那样的问题。

忠忠在学校里打了一位老师。那是一位上了年纪的老师，他从来没有受过这样的待遇，连气带吓，一下子病倒了。但这个老师很开明，说不要处罚忠忠，只要他过来给自己道个歉就好了。

忠忠的妈妈知道后，不但没有让儿子去道歉，反而说："你教的孩子，反过来却打你。这说明你教育的不好，应该是你给我们道歉才是。"

当时，妈妈坐在校长办公室，忠忠就坐在妈妈的身边。妈妈如此理直气壮，连忠忠都吓了一跳。其实，如果不嫁给小宫，忠忠妈妈也不敢如此。在小宫讨好忠忠的过程中，忠忠的妈妈尝到了权势的甜头。她知道以小宫的能力，只要一个电话，就能把所有的事情都摆平。

妈妈说完，领着忠忠扬长而去，全然不顾目瞪口呆的校长。走出门去，妈妈就给小宫打了电话。她说："就看你表现了，现在忠忠出了这档子事，你得替他摆平。你要是摆不平，孩子以后肯定不理你。"

小宫听了整个事情的来龙去脉之后，有些为难地说："我觉得你最好让忠忠去给人家道个歉。不管怎么说，忠忠这样做是不对的。不信你问他自己，他现在肯定也想去道歉。"

忠忠妈妈一听就火了，提高嗓门说："怎么？不是你的亲儿子不想管是不是？早说啊，我们娘俩也不会进门，招你厌烦。"说完，啪就把电话挂了。忠忠在旁边有些忐忑，说："妈妈，要不我就去给老师道个歉吧。我其实不是故意的。只是当时老师冤枉了我，还有一个同学故意害我，因为是他做的坏事。可是他是三好生，老师不相信他做坏事，所以就冤枉我，我才生气的。"

"对啊，你听听，你听听，这都什么老师啊？就因为你不是三好生，说话就不可信了？这老师就是欠揍。我告诉你，你今天要是不出这口气，明天他肯定骑到你脖子上了。"

"可是，爸爸会不会生气？他要是不要我们了，那怎么办？"

"放心吧，儿子，他哪里敢不要咱们。"

忠忠妈妈说得没有错。小宫真的打电话到学校，向校长询问了此事。他没敢说老师的不对，但校长慑于权势，不但低头认错，还上门向忠忠和妈妈道歉。这让忠忠得意扬扬。

就这样被小宫宠着，被妈妈惯着，忠忠不到 17 岁就因为打人被送进了劳教所。忠忠妈妈非要小宫动用权势，不让忠忠接受劳教。

但这一回小宫说什么都没有同意。劳教所的负责人就是小宫的下属，但小宫却坚决不打电话，倒是那个下属打过电话来。小宫说："他是我的儿子，我没有教育好他。现在请你帮我一定好好教育他。他要是出来再闹事，那你就和我一样失职。"

忠忠妈妈以离婚威胁小宫，小宫不为所动。他疲惫地说："以前，我看着孩子犯错；现在，我必须痛定思痛，看着孩子接受惩罚。他必须接受这个惩罚，否则会更加放肆。"

棒男孩教养妙招

Why：看着孩子犯错，不是说所有的错误都不管，更不是说孩子犯了错后，替他承担责任。孩子的人生是他自己的，在你的保护下，他的确活得很滋润，可是他会把自己的价值彻底丢掉，而一生都蛰伏在你的庇佑之下。这不是爱他，是害他。

How：1. **对待孩子的错误，要有原则。**有些错误，必须及早纠正。

2. **孩子犯错后，让他自己承担后果。**如果你没有来得及纠正孩子的过错，也没有关系，因为任何过错都会有相应的惩罚结果。此时，你得忍受住看孩子接受惩罚。

好妈妈教养手记

面对孩子的错误，大多数妈妈的做法是，想尽办法禁止孩子犯错。如果不能禁止，那么就想办法替孩子遮掩错误，避免受到外界的惩罚。这两种行为都是不可取的，这表明我们没有正确看待错误。任何错误都有两面性，其中一面是狰狞的，会让孩子受到痛苦的折磨；而另一面却是可爱的，让孩子取得更大的进步。如果我们懂得错误的真谛，再来看孩子的错误就会淡定了，也更能找到正确的处理方法了。

垫底的男孩更需要妈妈的鼓励

妈妈：我对你要求不高，只求你不垫底就可以，你怎么连这个都做不到呢？

儿子：我笨我傻行了吧？谁叫您当初生下这么个又笨又傻的人来？

解答：容忍孩子垫底，不是让你放弃孩子，而是要宽容对待孩子，不要在孩子沮丧的时候，又给他更大压力。孩子垫底只是暂时的，只要我们去找，总能找到帮他进步的办法。

孩子垫底，这是大多数妈妈都无法容忍的事情。就目前的教育现状来说，孩子垫底，老师首先就不能容忍。老师会不断提醒家长，还会将孩子的现状公之于众，同时要求父母想办法。

相信哪一位妈妈都受不了这种情况。面对这种事情，妈妈第一感觉就是“太丢人了”。这种情绪使得妈妈很难平和淡定地对待孩子。

孩子回到妈妈身边，妈妈必定唠唠叨叨，把老师讲给家长的那番话，加一些重味调料再翻炒一遍，喂给孩子。妈妈的初衷可能是刺激一下孩子，让他意识到现状，好发愤图强。但毫无疑问，妈妈的这种唠叨，对孩子几乎没有一点帮助，只会让他的心灵受伤。

越垫底越需要重拾信心

涛涛的数学成绩一直不好，老师曾经用短信提醒涛涛妈妈几回。开始涛涛妈妈不以为然，并不想给孩子太大的压力。直到接到老师的电话，说涛涛已经完全成了班级里垫底的孩子，涛涛妈妈这才认识到问题的严重性。

她是一个急性子女人，又非常要强，无论在学习还是工作上，不是名列前茅，也是冲在前面。她实在不明白，自己的儿子怎么会这么差。

涛涛做数学作业的时候，她就会站在旁边看着儿子。涛涛很奇怪，问道："妈妈，您在这里干什么？"没等妈妈回答，又问："是老师让您这么做的？"

妈妈知道，不能把老师的话原原本本说给他听。她估计老师已经不断提醒他了。如果她继续说的话，那么涛涛肯定既厌烦压力又大。因此她只是笑笑，说："没事，我就是好久没有看你们的书本了，不知道现在的书本是什么样子了。"

涛涛笑了，说："我们现在的书本肯定比你们那时候进步多了。我们同学都说，他们爸爸妈妈认为现在的题目非常难。"

"他们觉得你们的题目很难，哪种题目难？是不是数学题？"妈妈问道。

"数学题目还好啊，我没有觉得怎么难啊。"涛涛信心满满，笑容满面。

这回妈妈忍不住了，说："你没有觉得怎么难？没有觉得怎么难怎么就是学不好呢？每次考试都考不好。"

涛涛一听脸上的笑容消失了。他看了一眼妈妈不吭声了，低头写作业。偏不巧，他在计算小数的时候，忘记标小数点了。

妈妈看在眼里急在心上，可是涛涛浑然不觉，又奔下一道题而去。妈妈连忙伸出手，指着这道题说道："涛涛，你看看这个是什么？"

涛涛看了两遍还是没有发现问题，就说："没啥啊？错了？错了吗？"他一边问一边盯着妈妈的脸看，想从妈妈的脸上看出点什么。

妈妈生气了，说："我脸上有你的正确答案吗？为啥不看题目？你看看，这是多明显的错误啊？你要是这么继续下去，我敢打赌，你肯定会成为班里垫底的。"

涛涛听完把笔一摔，说道："我现在就是垫底的，您不就是想说这话吗？干嘛不敢直接说？还拐弯抹角的，您要杀人就痛快点！"

妈妈没有想到涛涛会来这一手，愣住了，想了想又赶紧安慰涛涛："我家涛涛是最聪明的，怎么会垫底呢？你只要认真努力，就不会有啥问题的。"涛涛哪里肯信，他说："您别哄我了，我都知道。我就是我们班里最差的。"

棒男孩教养妙招

Why：涛涛妈妈能考虑到照顾孩子的情绪，也懂得保护孩子的自尊心。可是她思想上明白，语言和行为上却犯了糊涂。这主要还是源于她不能以淡定的态度看待男孩的问题。解决小问题可能都需要很长时间，解决孩子学习垫底的问题，可能需要更长时间的努力和奋斗。

How：1. 妈妈一定要淡定。淡定不是纵容。孩子垫底，需要时间也需要方法来解决，急躁只会让问题变得更严重。

2. 在孩子面前说话一定要谨慎。不该说的“打死都不能说”，做到这样的标准才行。

3. 帮助孩子找原因、找方法。这是最重要的，不要舍本逐末。

4. 用适当的话鼓励孩子。没有鼓励只有打击，孩子的信心会丧失殆尽。

即使无人容忍他，你也要赞扬他

有一个老教育家曾经讲过一个笨孩子的故事。

孩子太笨了，每次开家长会老师的话几乎千篇一律，都是指名道姓说这个孩子各方面表现太差，不是纪律意识差，就是理解能力差，要么就是表达能力不行。

每次听到这些话，孩子的妈妈都非常难过。每次回到家后，孩子都会小心翼翼地问妈妈：“老师说什么了？”每次这位妈妈总是淡定地说没事，然后夸赞孩子一番。

这位妈妈有时说：“老师说你已经能认真听课了，很不错。”

有时说：“老师说，你已经能保证做对一题了，很不错。”

有时说：“老师说，你在学习上比以前更努力了，成绩也提高不少，值得表扬。”

妈妈的这些话，开始时自然是假的。到孩子上高中的时候，又开家长会，妈妈又硬着头皮去了。这次老师依然是指名道姓地提到了他，可是他没有批评，而是表扬。

妈妈当时就张大了嘴，怀疑地看着老师，实在不敢相信自己的耳朵。她的表情把孩子的班主任都逗乐了。老师说："我知道，我也听说过，这个孩子以前表现得差强人意。"妈妈连连点头，热泪盈眶。

在回家的路上，有几次妈妈都乐出声了，她也被自己的声音吓了一跳。她想：我一定要把这个好消息告诉孩子。可是转念一想，又觉得不应该这么做，因为他从来没有觉得自己不好，如果自己突然表现欢喜，他可能觉得奇怪。

回到家，孩子依然问妈妈："老师说什么？"妈妈平静地说："老师说你的领悟能力特别强，很善于挖掘自身的潜能。"孩子调皮地看了妈妈一眼，说："您这是表扬？"

妈妈想了想，说："不是表扬，我说的是事实，我想是事实。"

"嗯，我就是觉得最近学习忽然开窍了。以前那些难以理解的东西，一下子变得容易多了。"孩子说。

妈妈赶紧转身，她实在忍不住，眼泪又下来了。

棒男孩教养妙招

Why：在别人都无法容忍孩子时，妈妈依然用最恰当的话赞美他，为他挡住了外部糟糕的评价，使他免受了打击。

How：1. **别人都无法容忍孩子，你更要容忍他。**否则孩子就学会破罐子破摔。

2. **赞美一定要恰到好处。**多一分少一分都会出现问题。这个火候的把握，以孩子能接受为原则。

好妈妈教养手记

垫底，终归是一个让人难堪的事情，尤其是自己很优秀，而孩子却经常被老师耳提面命，那家长的难堪程度就可想而知，但没有哪一个孩子甘愿垫底。垫底的孩子肯定很想摆脱这样的局面，而他需要的是信心，是方法。妈妈最应该做的，是在这两方面帮助他。

男孩之间的矛盾，让他自己去处理

妈妈：我只是想帮你解决问题，你至于和我生那么大的气吗？

儿子：我的问题你不要干涉好不好？难道我自己就不能解决吗？

解答：这也是一个放手不放手的问题，你越是干涉，孩子锻炼的机会就越少。同时，还可能影响他的人格发展。

男孩，不仅自己闯祸，有时候还受同伴蛊惑或蛊惑同伴去闯祸。就是在朋友交往的过程中，也经常问题重重，一会是可以两肋插刀的朋友，一会又成了老死不相往来的仇敌。孩子之间的矛盾，即使再深也只是幼稚的童话剧。借用《三国演义》的开篇词来说，就是分久必合、合久必分。如果有成人加入，问题的性质就变了。很多本来不值一提的小纠纷，最后可能真的演变成一场硝烟战火。

成人加入后，男孩之间的矛盾更甚

憨憨人如其名，长相特别可爱，胖乎乎的，性格也特别憨直，从来不藏着掖着。他的同学极喜欢他可爱的性格，但也喜欢拿他取笑逗乐。那天中午，憨憨被妈妈接回家了。下午临上课时，憨憨来了。他一进教室，有个孩子就大声喊道："憨憨，我知道你家今天吃的啥！"憨憨笑呵呵地问："啥？"这一问一答吸引了大多数同学的注意，他们几乎异口同声地说："韭菜。"有个女生跑到憨憨跟前，问道："憨憨，你知道我们是怎么知道的吗？呵呵，你的嘴上还有一根韭菜呢！”

刚才还发愣的憨憨，赶紧伸手去擦嘴，可是连擦了三下，都没有擦到。憨憨问那个女生：“在哪里？你快告诉我。”女生刚想说话，这时憨憨身边的一个男生，从他桌子上拿起一根尺子刮他的脸。

尺子的一边很尖利，憨憨没有注意到。那个男生动作又急，尺子一下扎到了憨憨的下巴上。韭菜不但没被弄下来，憨憨还被扎得“嗷嗷”叫跳起来。憨憨这一跳，那根韭菜居然呈自由落体运动，飘飘忽忽掉了下来。那个男生拿着那把尺打过去，正打中韭菜。说来也巧，这韭菜被尺子一击，马上改变了方向，直冲憨憨的眼睛而来。同学们都被这戏剧性的一幕逗得哈哈大笑。

憨憨一躲闪，结果正踩在那个女生的脚上。女生“啊”一声尖叫倒在地上，然后哀号不已。憨憨低头看，那个女生跷着脚，白鞋的前头居然慢慢渗出血来。憨憨惊呆了，那个男生也吓了一跳。几个同学叫嚷着，赶紧抱起女生去了医务室。原来女生的脚本来就受过伤，憨憨一脚正踩在她伤口上。憨憨胖，又是结结实实踩下去，结果女生旧伤复发，才流了那么多血。

处理完伤口后，女生回来就找憨憨算账，憨憨又找那个男生算账。结果三个人扯起皮来，女生气得打了憨憨一耳光。说也凑巧，就在这时憨憨的妈妈过来给他送数学书。原来他中午回家吃饭的时候，忘了把数学书带上了。妈妈正好看到女生打憨憨，不由皱了下眉头。女生见是憨憨妈妈指着自己的脚说：“阿姨，您看我的脚，这是被憨憨踩的。”

憨憨妈妈看到了厚厚的纱布，连忙关切地问严重不严重，要不要去医院。女生倒不好意思了，赶忙说没事。这时候憨憨说：“那不怪我，是他推我的。”说着就指了指那个男生。憨憨妈妈一听这话，不高兴了。此时快上课了，她什么也没说，转身去了班主任办公室，把这事跟老师讲了。

班主任老师问了一下女生的伤势。憨憨妈妈说：“这谁知道啊？现在看着是没什么事情了，可是谁知道她以后会不会又找来闹事？我得跟您说一下这件事。我的意思是说，这不怪我家憨憨。”

班主任连忙说：“孩子们之间哪有那么多事？没事的，这件事交给我处理好了。”憨憨妈妈立刻说：“那可不行，您必须把那个男生和那个女生的家长都找来，我们三方见面把事情说清楚，然后才能算完，不然我心里不踏实。”老师没有办法，只好给那两个家长打电话。那个男生和女生知道了这件事后特别生气，对憨憨说：“你妈妈好厉害啊，以后我们可不敢跟你说话了。”

棒男孩教养妙招

Why：大概是江湖混多了，憨憨妈妈特别谨慎。为了以后没有麻烦，她不惜把事情闹大。在她看来，这是保护憨憨，保护自己。实际上，却把憨憨和同学之间的矛盾放大了。相信憨憨以后在同学面前要受到冷遇了。

How：1. **做一些能帮助女生的事情就好。**不管是不是憨憨的直接责任，憨憨毕竟是直接肇事者，妈妈有责任关心照顾女生。何况女孩子并没有蛮不讲理要什么赔偿。

2. **班主任老师都说没事，就没必要深究了。**班主任老师很理解孩子，他最知道孩子之间的矛盾有多深。即使真的有什么问题，老师都发话了，你还有什么可担心的呢？

解决矛盾的过程也是男孩成长的过程

刚放学不久，小著就哭着跑回来了。他告诉在家里做饭的奶奶：“我再也不喜欢小翼了。”奶奶心疼孙子，看他哭得那么伤心，就搂着他说：“好，咱不喜欢他了，永远不和他一起玩了。”小著趴在奶奶怀里，哭了一会儿后，忽然笑了，仰头对奶奶说：“您还不知道我为什么不喜欢他了呢？”奶奶问：“为什么啊？”小著说：“因为他不讲信用。”

“不讲信用不是好孩子，那咱就不和他好了。”奶奶顺着孙子说。

“我去给妈妈打电话告诉她一声，我不喜欢小翼了。”小著说着，挣脱奶奶的怀抱，跑去给还没下班的妈妈打电话。小著把刚才跟奶奶说的话又原原本本和妈妈说了一遍。妈妈问：“他怎么不讲信用了？”

“他昨天说好今天一定跟我玩，可是今天放学就不跟我玩了，他不讲信用。”

“哦，那他的确是不讲信用，或许他有什么别的事情呢，你问他了吗？”小著想都没有想就说：“没有，没有别的事情。”

“你问他了吗？”

“没问，但是他一定没有。因为他昨天就说好和我一起玩了。”小著有些恼火，不禁嚷了起来。

“那好吧，要是一会儿小翼过来找你，你也不和他玩吗？”

“不和他玩，他已经背叛诺言了，我不喜欢背叛诺言的人。”

“那好吧，妈妈马上就回去了。既然你不想和小翼玩，一会妈妈回去了就和妈妈玩吧，好不好？”

“好。”小著拍手称快。可是妈妈回来，没开门就知道小翼和小著和好了，因为从门缝里就已经传出了两人的欢声笑语。小翼走后，妈妈定定地看着小著。小著羞涩地笑了说：“有时候男子汉不能太小肚鸡肠，还有得先调查清楚才能发言！”

棒男孩教养妙招

Why：孩子的喜怒哀乐来得特别直接，特别透彻，有时候是蛮不讲理的。但只要有一个小小的沟通契机，那么无论多深的矛盾很快都能消融。给孩子机会，他就能学会如何处理矛盾。在处理矛盾的过程中，孩子还能学会自省。

How：1. **孩子因矛盾而向父母哭诉时，父母应肯定他的情绪感受。**这对孩子来说很重要，即使他不对，也需要父母的支持。

2. **在孩子平静后提问题引发他的思考。**问题要问得简单而能切中要害，让孩子找到问题的症结点。

3. **给孩子机会，让他自己处理矛盾。**先让孩子处理问题，他实在无能为力时，再予以指导。

好妈妈教养手记

孩子们的矛盾尽量少管，但这并不表示漠视。如果你碰上两个孩子打到一块也不去管，那就是问题了。这里的“少管”是一个程度词，在一定程度内，让孩子自己去解决矛盾，因为孩子之间没有什么深仇大恨。每个孩子都情绪多变，所以，矛盾虽多，但好解决，一旦成人加入，可能激化矛盾，更难化解。

与其发脾气，不如冷处理

妈妈：我说了这么多，你怎么就不知道反省呢？

儿子：我觉得没啥可反省的。我没有做错，为什么要反省？

解答：孩子反省是需要契机的，这个契机就是在他心灵受到震动的时候，而妈妈的唠叨永远达不到这一目的，大多数时候只会适得其反。

如果说孩子做错了，妈妈还能容忍，孩子不反省，大多数妈妈是绝对不能容忍的，因为不反省就意味着错误还会继续。妈妈担心孩子终将越走越远，最后彻底走上不归路。

这个想法没有错，孩子做错事不反省，其结果很可能是悲剧。但是，我们必须记住一点，所有的孩子都有一颗积极向上的心。在错误面前，孩子是有反省能力的。

孩子暂时不反省，肯定是有原因的。所以我们得能容忍孩子暂时不反省。

孩子不反省，可能因为没领悟

小华打了一位上门拜访妈妈的叔叔，他把那位叔叔的眼镜都打碎了。

事情发生得特别突然。从卫生间刷牙出来的小华，看到一个叔叔笑呵呵地把一盒巧克力递给妈妈，忽然冲过去，把那个叔叔顶翻在地，还用脚踹了他几下。

不但那位叔叔被弄得措手不及，就连小华的妈妈，也没有反应过来。听到他发出哀叫，她才猛然意识到。她赶紧过来，把小华拉到一边，并把叔叔扶起来。

那位叔叔的头破了一点皮，血渗了出来，眼镜也碎了。妈妈歉疚地看着他，连连道歉。然后她又转身，一把将小华揪过来，伸手就要打。

谁知小华一挺胸膛，大声嚷道："我没有错，你为什么要打我？"

"你没有错？你再说你没有错？"妈妈气得浑身哆嗦，劈头盖脸就打了下去。小华被打得弯了下身子，但马上又站直，气鼓鼓地说："我就是没有错。你打我你就错了。"

那位叔叔见此，赶紧拦住妈妈，说："大姐，您先别动怒，听听孩子怎么说，我感觉这里面有误会。"妈妈说："有什么误会？我看这孩子这两天就是欠揍了。昨天和小朋友打架，今天就升级了，和大人打架。我看你真是反了，我今天不教训你，你就不知道该怎么做人。"

说完举手又要打。小华怒气冲冲地盯着妈妈的眼睛，一动不动。那位叔叔连忙把妈妈拉开，然后走过来想拥抱小华，却被小华一掌推开了。

叔叔笑了，问小华："你认识我吗？"

小华不屑地看着他。妈妈在旁边又喝道："你打人还有理了？说话！你认识叔叔吗？他怎么得罪你了，人家一进门你就打他？"

小华冲妈妈说："凡是男人，给你送巧克力，肯定都没安好心。"

那位叔叔一听乐了，说："我明白了，看来小家伙是想要维护妈妈呀。你放心，我给你妈妈送的不是巧克力，是我们公司做的一些小样品，让你妈妈过目的。我呢，是你妈妈的同事，上门就是负责送东西的，可没有别的意思啊。"

小华半信半疑地看着他，问道："真的吗？你没有想过娶我妈吗？"

小华妈妈早就忍不住了，大声喊道："你这孩子，天天胡思乱想什么？叔叔是我的同事。你这么闹，让我以后在同事面前多难堪啊？快闭嘴吧。给叔叔道歉。"

小华撇嘴，还是不道歉。叔叔在旁边说："没有关系，小孩子嘛，别放在心上。我走了，得修眼镜了，不然什么都做不了。"

妈妈深感歉意，要赔他的眼镜钱，但那位叔叔坚持不要，然后就离开了。叔叔走后妈妈不由得哭起来，她忽然觉得自己的命运特别凄苦。作为一个单亲妈妈，她含辛茹苦把孩子养大，可如今她连一个男性朋友都不能有。

小华看妈妈如此，也哇哇哭起来。他走过来安慰妈妈说：“我不是不想让你有男朋友，我只是担心他会伤害你。”

棒男孩教养妙招

Why：孩子毕竟是幼稚的，对于成人的某些作为会断章取义，不可能完全理解，因此他会根据自己的理解犯下一些错误，这也就可以理解了。在他不理解的时候，你让他承认错误，即使他迫于你的压力承认了，也只是阳奉阴违，必然会重犯。

How：1. 找出孩子犯错的原因。这是至关重要的，只有知道原因才能有的放矢。

2. 容忍孩子的不理解。成人也不能事事练达，何况孩子呢？我们要给孩子时间。

孩子不反省，可能是赌气

笑笑想参加泰国的儿童拳击比赛，但妈妈坚决不同意。本来让笑笑学习拳击，对她来说已经是超过极限的事情了，她可不想自己眉清目秀的儿子，被人打得面目全非。

笑笑想了很多办法，从甜言蜜语的请求，到哭泣叫嚷地哀求，再到威胁恐吓地要求，可谓无所不用其极，但是没有一个办法奏效。

笑笑又请爸爸做说客。爸爸“一直是支持男子汉的那些事”（爸爸语）的，所以他肯定是支持的。笑笑没有想到，这件事爸爸也表示不同意。

笑笑一听爸爸不支持就急了。他暴躁地狂喊着：“你是个骗子，你是个骗子。你说过支持男子汉的那些事，可是事到临头，你却又不支持了。你是个骗子。”他情绪特别激动，这样说着还不解气，又上去推了爸爸一下。爸爸冷不防被笑笑一推，一个没站稳趔趄了几下，碰到身后的椅子，摔倒了。笑笑吓了一跳，有点惊慌，傻傻地站在那里。

妈妈听到笑笑的暴躁叫喊和稀里哗啦的响声，赶紧跑出来，看到爸爸正挣扎着爬起来。妈妈火了，喊道：“笑笑你干嘛呢？”

笑笑向后退了一步，没有吭声。妈妈往前赶了两步，手指着笑笑脑门上说道：“你开始打爹骂娘了，是吗？你是要造反吧？不就是不让你去泰国参加拳击比赛吗？你至于这样吗？怎么？你还想把我也打一顿吗？来吧，你老娘在这里呢，我倒要亲眼看看，我的亲儿子是怎么打他亲娘的！”笑笑号啕大哭，推开妈妈朝自己房间跑去。妈妈跟在后面追过去。笑笑进了门，“哐”一声把门关上，更大声地哭起来。

妈妈怒气冲冲地敲门喊道：“你给我开门，我看你真是反了。你给我出来，我今天要不好好教训你，你就更放肆了。你给我出来。”

“我就不出去，看你能怎么样？”笑笑一边在屋里哭，一边声嘶力竭地冲着妈妈喊。爸爸过来拦住了妈妈，冲她使了个眼色，悄声说：“算了，孩子现在情绪正激动，你说什么他也听不进去。等他平静下来，你再跟他说。”妈妈这才不吭声了。

棒男孩教养妙招

Why：笑笑之所以推了爸爸又推了妈妈，并不是想要造反。他只是情绪激动，一时想不开，此时你教育他，他是听不进去的。你说得越多，他反抗越烈，你越生气，教训得更凶，结果只会更糟。

How：1. **允许男孩哭闹。**尽管你是为了他好，但那是他的兴趣爱好，让他决绝地割舍，他必然无法放下。所以你要给他一个情绪缓冲的时间。

2. **转移男孩的注意力，让他从悲伤中走出来。**当孩子有了更喜欢的东西，他就不会那么伤心，也不会声嘶力竭地冲你叫喊了。

3. **孩子平静之后给他讲道理。**成人激动的时候也会失去理智，何况孩子呢？

好妈妈教养手记

作为妈妈，在孩子不反省的时候也应宽容他。尝试着去探索孩子的心灵，尝试着去理解他的苦衷。等他终于可以平静下来，终于可以认真看待错误时，再稍加点拨，他肯定会马上反省。这样妈妈才能成为孩子的知音，成为孩子永远的朋友；这样我们说的有理之言，才能进入孩子的幼稚之耳，才能进驻他那曾经的反抗之心。

孩子的秘密基地，非请勿入

妈妈：你一个小孩子有什么秘密可言？

儿子：凭什么？就你们大人有私密、隐秘、隐私，我们连一点秘密都不能有，凭什么？

解答：拥有秘密是孩子成长的一种方式，拥有秘密是孩子建立自我，识别内我、外我、群我的方法。因此，人们常说没有秘密的孩子长不大。

妈妈看着孩子一点点长大，从吃喝拉撒到衣食住行，再到学习交友，没有一样不是在妈妈的注视下完成的。孩子偶尔撒个无伤大雅的小谎，说几句言不由衷的赞美，妈妈都能轻松看清孩子的小心思。所以我们总以为，孩子在我们面前是没有秘密可言的。

可是，孩子终究要长大，终究要跳出我们为他设置的安全圈，去探索属于他自己的世界。这种探索，必然会违背妈妈的舒适圈，所以他无法对妈妈和盘托出。尤其当妈妈过于谨慎地束缚他时，他的秘密就更多了。

男孩不说，只是因为担心妈妈不理解

文文在放学的路上偶遇了一个“武功高强”的人。他走到一个僻静的天桥时，忽然看到桥上飘下一个影子来，轻飘飘地就落到了地上。这个影子不是风筝，不是纸片，而是一个二百多斤的大活人。

文文惊呆了，他马上意识到这是一个高人。他赶紧跑上去，拦住中年人要拜师。尽管中年人连连说自己没有武功，文文依然缠住他不放，非要他教不可。

中年人被纠缠得没有办法，只好说："你回去问问你妈妈，如果她同意，你再过来找我。我周六早晨七点十五分在这里等你。"文文刚想说"我妈妈不让"，但马上又把这话咽下去了。因为他意识到如果这样告诉那个人，他肯定不会教他学武功。

中年人走了。文文站在那里，心想："这事不能告诉妈妈，否则我肯定学不成。反正我到时候就说妈妈同意就行了。"

文文想到就要学武功了，学成后还可以在同学们面前露一手，兴奋不已，唱着歌就回家了。晚上，妈妈回来后文文装作不在意地问妈妈："妈妈，有个同学在少林武术学校学习，我也想去少林武术学校，您说行吗？"

妈妈想都没想就说："不行，少林武术学校虽好，但是文化课却不如普通学校，你将来是要考清华北大的，当然不能去。"文文听了这话，就不再和妈妈争辩了。

好不容易挨到周末，文文老早就爬了起来。妈妈还没有起床，他就偷偷穿好衣服，跑了出去。文文来到天桥旁边等那个中年人。过了很久那个中年人才来，中年人看到他站在那里，不由得笑了，说："嗨，小家伙，还挺心诚的。你问过你妈妈没有？"

文文连忙过来磕头："师傅在上，受徒儿一拜。"那一招一式，和电视里的情节一模一样。中年人笑了，说："连仪式都准备好了？"两人又说了一会话，中年人就开始带着文文跑步，然后让文文回家。两人约定每天早晨都过来一起跑步。

往回走的时候，文文心里有些不高兴，心想："这是不是个骗子？"回到家后，妈妈正在四处打电话，看到他回来就急切地问道："你去哪里了？怎么也不跟妈妈打声招呼？"文文掩饰道："去跑步了。"妈妈不相信地说："你去跑步？你什么时候变得这么勤快了？以前，让你跟我逛街你都不愿意去，怎么现在还去跑步了？是不是你们同学找你了？谁找你了？"

文文顺着妈妈的话说："对对，是我同桌找我去跑步，我就去了。"

妈妈还是不相信，说："你同桌？你同桌住在很远的地方，他怎么会约你去跑步？他得坐很长时间的车才能到这里吧？说，到底是怎么回事？是女生吗？"

妈妈说着，神色也变了。文文烦了，说："天天就想着我和女生有点什么事？你要是真那么想，那我明天就弄点事出来。"说完转身就走。妈妈急了，又拉住他说："你别走，你要是不跟我说清楚，这事不能算完。"

棒男孩教养妙招

Why：这位妈妈刨根问底的缘由，是害怕他学坏。文文遇到一位"高人"的事，是应该让妈妈知道的，因为妈妈可以帮他分析判断对方到底是不是高人。文文之所以不说，是因为觉得妈妈不可能理解自己的学武之心。

How：1. **不必直接盘问，可以旁敲侧击。**妈妈盘问是对的，因为孩子走进社会的每一步都可能有危险，妈妈要确保他不会受到特别严重的伤害，如果孩子不想回答，尽量不要逼问。

2. **不要妄自猜测。**即使你猜对了，也会影响亲子关系。如果你猜错了，孩子反而更不想说。

3. **注意盘问的语气。**如果孩子不想说，就不要问，但一定要告诉他："我需要知道你是安全的，我需要知道你想做的事不会对你造成伤害。"孩子知道你是为他考虑，才有可能把他的秘密告诉你。

有些秘密，孩子觉得没有必要和妈妈说

语文老师号召同学们组织一个文学社团，互帮互助学习写作。卓卓的语文成绩很好，阅读理解能力也很强。因此很多同学都来找他，希望他组织这个文学社团。盛情难却，卓卓同意了。

班级曾经有过其他的组织，比如有个淘气的男孩曾经开了一个"工具装潢公司"。名儿挺大气，其实就是帮同学们修理修正带、铅笔或者其他新买没多久就坏掉的文具。组织里的成员只有三名，但是每人都有一项特长。

卓卓借鉴这个组织的形式，决定吸收有特长的同学。为了更有号召力，他给组织取了一个很好的名字，叫"人间词话团"。

第一天，报名的人就超过了半数，卓卓决定择优录取。他拿了个小本本，把名字纷纷记下来，准备回家考虑一下。

晚上做完作业，卓卓就拿出小本子一个个勾画比较起来。这时候大概同学们也都做完作业了，有几个孩子打过电话来，向卓卓陈述自己的能力，毛遂自荐。

在此期间，妈妈也回来了。她看到儿子又是在小本上写写画画，又是打电话和人叽叽咕咕，就有点纳闷。她听了一会，发现卓卓的话很少，除了“嗯”“好”“啊”等，就没有什么实质内容。

妈妈觉得很奇怪，凑过来看卓卓的小本本。卓卓赶紧盖住，说道：“妈妈不能看，这是我的秘密。”

这话让妈妈更不放心了，她说：“什么秘密，还不能让妈妈知道？”

卓卓把小本本扣上，双手推着妈妈的后背，对妈妈说：**“您就放心吧，我不是在做坏事。这事您插不上手的。”**

“你的什么事我插不上手？不管是啥，我都能插上手。你跟妈妈说说，妈妈还可以帮助你多想想，没准就能给你一个很好的主意。”

“不用，就是我们同学间的事，您有什么好主意？好了好了，您就别瞎操心了。”妈妈想了想，说：“好吧，那你有什么事就来找我。记得啊，我随时能帮助你。”

棒男孩教养妙招

Why：这位妈妈的处理方式就很好。没有硬逼孩子交代，而是告诉他，随时在身边帮助他。他此时不说，并非有意隐瞒妈妈，而是觉得这件事和她没有关系。还有些孩子认为大人会笑话自己的行为幼稚，所以不敢和父母分享自己的创意。

How：1. **学习这位妈妈，不刨根问底。**这是对孩子尊重和信任的表现。你的尊重和信任，会让孩子对你产生好感，并跟你分享他的秘密。

2. **如果男孩不说，就尊重他别问。**如果你实在担心，可以多留意他平时的表现，揣摩他的心理，从中找出危险因素，提前预防，但不要做出诸如跟踪窃听、围追堵截这样的事情来。

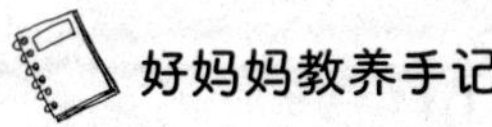

好妈妈教养手记

大多数妈妈之所以不让孩子有秘密，就是害怕他脱离自己的视线，会不安全。安全防范这一点是必要的，但一般来说，孩子的秘密只是一些成长中的小创举，对你来说是出格，对男孩的成长来说却是必需的。所以，作为妈妈，要给孩子更大的空间，允许他有一定的秘密，并尊重他，让他自由成长。

肯定和采纳男孩合理的意见

妈妈：你得听话，不听话就不是好孩子。

儿子：为什么你一定要让我听话啊？

解答：孩子不听话，未必就会学坏，因为妈妈的话未必全对。即使全对，孩子没有经过自己探索验证，也不会真切体会其间的道理。

小的时候孩子对父母总是言听计从，老的时候父母对孩子言听计从。时间，推着我们如日中天，又推着我们渐成斜阳，而孩子却是初绽之莲花，初生之太阳，或者说是初生之牛犊。他们什么都想尝试，什么都想探索，雄心勃勃，一副开天辟地的样子。

特别是男孩，随着对世界的探索不断深入，对自我才智、力量的考验增多，他们的自我意识慢慢构建起来，对自我的认可越来越多，对父母乃至世界的怀疑也越来越多。他们就像睡醒的雄狮，猛然发现自己居然被困牢笼。短暂的错愕之后，他会发出震天巨吼：还我自由，还我世界。

即使很民主的父母，在这个阶段也往往会遭到孩子的反抗。因为不如此就不足以表达孩子成长的激情，不如此就不能显示他与过去那个稚嫩自我的决裂。这个时候往往会发生亲子危机，但这个时候也是孩子建构完整自我的关键时刻。作为父母，如果我们只因为威严受到冒犯，就以忤逆定罪，先打他个“五十大板”，给他来个下马威，结果肯定是烈马嘶鸣，缰绳绷断，狂奔旷野而不见，到那时就不好收拾了。所以，当孩子不接受你的意见时，你应该首先表示欣喜：孩子终于长大了。

妈妈关注合理性，而男孩更关注自由

晚上吃饭的时候，妈妈宣布："萌萌，以后你放学回家的第一件事就是做作业，做完作业之后可以去楼下玩半小时，然后上来吃晚饭。"

萌萌反驳说："不，我想先在楼下玩一会，再上来写作业。"

"你就知道玩。那样不行，你自己没有时间观念，一玩起来就刹不住车了，哪还想得起来回家做作业啊？"

萌萌不高兴了，说："我这几天都是先出去玩然后再回来写作业的，也没有耽误啊。您看我哪天没有完成作业？"

"就因为你这几天天天出去玩，我才作出这个决定的。每天你都玩到很晚才回来，进屋就开始吃饭，吃饭的时候还要看一会电视。等做作业的时候，一点精神都没有了，而且那时天也黑了，你还得开灯做作业……"

"开灯做作业也不行啊？"萌萌没等妈妈说完就问道。

"不是不行，你的视力现在下降很快，就是因为天天玩电脑看电视。自然光对你的视力有好处，灯光再怎么着对你的视力都不好。所以，你得听我的，先做作业。"

爸爸在旁边听了，也点头表示妈妈说得对。妈妈的理由很充足，但是萌萌就是不同意，他哀求着："妈妈，您就让我先在楼下玩一会吧，我向您保证我一定会早一点回来，我向您保证。"萌萌举着小手信誓旦旦。妈妈严肃地反驳说："不行，你根本没有时间观念。"

"那我带上手表行不行？我保证，妈妈我求您了，我就这点自由了，您就别再剥夺了。我每天都有那么多课外班，能回来玩的时间就两天，您还不让我玩？"萌萌可怜巴巴地说。

"你别给我装可怜。你问问你周围的小伙伴，有几个没有课外班的？不上课外班你能学好吗？就这么定了，别跟我磨了，再磨我也不会同意。"

萌萌还想争辩，但是妈妈脸一沉，紧紧盯着他的眼睛，一字一句地说："这事只能这么定，你必须听我的。"

萌萌终于忍不住了，大声嚷道："我凭什么听您的？"

棒男孩教养妙招

Why：妈妈的决定可以说是综合了很多方面的考虑，全面而又不失为良策，但是对于孩子来说，他所能想到的就是自由地玩。对于一个曾经痛快淋漓地玩过的孩子，让他收心是非常艰难的。古代帝王有那么多诤臣日夜劝谏，都难以阻止他们的贪玩之心。成人尚且如此，何况孩子呢？在孩子一心想着玩时，就算你能留住他的人，也留不住他的心。其实，这个时候你越是苦口婆心，越是拘他于室内，他就越是"玩心如焚"，根本不会理解你的苦心。

How：1. **与孩子和平解决问题。**如果孩子实在不能接受你的意见，你不能强迫他，否则可能会让问题变得很麻烦。

2. **接受孩子的提议。**你可以这样说："我可以让你先玩，但是如果你超过三次没有在规定的时间内回家做作业，就得实行我的提议。"这样他肯定会控制时间。

男孩不接纳你的意见，可能是为了表现自我

艺术节要开始了，策策和几个要好的同学开始准备节目了。他们上网搜了一个小品，内容是关于唐僧师徒的。妈妈听见策策和几个同学嚷着"师傅""大师兄""妖怪"等，就对策策说："现在有这么多关于西游记的传说，你再选择这个题材，不是很没有意思吗？"

策策不以为然，说："再多我们的节目也是独特的，而且关于这个题材的东西越多，人们关注得就多，很多东西就不需要解释了，本身就是笑点。"

妈妈听策策说得这么笃定，也就不再干涉了。几个孩子天天在策策家练习，

策策妈妈也跟着看了几次。她总是觉得孩子们的表演过于稚嫩，台词也显得无厘头，因此经常插嘴指点，每次不但策策表示反对，其他的孩子也很礼貌地抗拒。

一天妈妈偶然听到一个孩子悄声对策策说：“为什么你妈妈老想插手咱们的节目呢？”策策妈妈听完后，心里非常不痛快，之后就再也没表达过意见。

表演那天，策策请妈妈去学校帮忙化妆，妈妈去了。在化妆的时候策策和妈妈又发生了冲突，妈妈认为应该根据孩子表演的角色，进行特色化妆。而策策则认为，不需要浓妆艳抹，只需在每个人的脸上描上几笔不同的线条就可以了。母子俩争执了半天。妈妈想说服策策，但是策策就是不同意，说：“我们都想好了。唐僧只需要把脸画得很白就可以，孙悟空在腮帮上画两条金线就行，猪八戒在鼻子两侧画两个大黑点，沙僧描个浓眉就行。”

几个孩子也纷纷表示，这是他们早就想好了的。有个孩子还振振有词地说：“我们是经过考证的。”他们坚决不接受别人的意见。

策策的妈妈觉得很没面子，但是鉴于周围有那么多人，又不好发作，只好勉强帮助这几个孩子化了妆。她想：你等着，策策，回家后咱娘俩再算账。可是策策他们上台的时候，妈妈赫然发现：这几个孩子的妆在灯光下的效果特别好。

棒男孩教养妙招

Why：孩子们在认真做的事情，是不希望大人掺和的。他们也知道，大人的视角和他们的有所不同，尤其当孩子有了具体的方向和计划时，就更不要随便提出意见。如果你实在想提也行，不过孩子不听你不能恼。

How：1. **孩子不采纳就不要硬让他接受。**你考虑的方向可能和孩子考虑的不同，而他做的事情，可能从他的视角考虑更合适。

2. **不要一口否决孩子的提议。**这容易伤害孩子的自尊，如果只因为你考虑得比他周全就直接否决他的提议，这是极为不妥的。这就好比冷风和阳光，冷风吹只会让人把衣服裹得更紧，阳光晒却能让人把衣服脱掉。作为妈妈，我们一定要做那温柔温暖的阳光，而不能做冷风。

3. **肯定孩子的意见。**如果你发现自己的意见的确不如孩子的意见好，那你要赞美他，这能让他更有信心。他可能因此会变得骄傲，但是在成长的过程中，还有其他的事件会教育他，所以你大可放心，他不会就此永远不把你放在眼里。

好妈妈教养手记

孩子在两三岁的时候，就已经会反抗父母了。这是第一个反抗期，表示孩子已经有了自我意识，是可喜可贺的事情。而随着他的见识增加、思维能力增强，他不同于父母的意见可能就会更多。作为妈妈，应该考虑到他的进步性，如果他不能接受你的意见，也要尊重他。

第6章

对待孩子也要平等

你尊重孩子，他才会听从你的教导

妈妈生病住院，爱捣蛋的小光在学校居然受到老师表扬，回到家还主动做家务？

大人什么也没说，调皮好动的毛躁小子，在小姨婚礼上忙东忙西、热情待客，还连连获赞？

别帮孩子做，多让孩子做

妈妈：儿子啊，从今天起妈妈把权力交给你，让你也做回一家之主如何？

儿子：妈妈，您说过不当家不知柴米贵，做过主我才知道您用心良苦！

解答：给孩子一个权利，他就能懂得责任；给孩子一个体会你心境的历练机会，他就能和你进行更好的沟通；给孩子一个更大的空间，他可能会给你更多惊喜。

“让孩子做主”，这是教育家们喊了许多年的话。可是在教育孩子的过程中，妈妈们总是无法把握在什么事情上让他做主，或者应该给他多大的权利才好。

加之大多数妈妈都是职业女性，需要考虑的事情特别多，根本就没有时间和精力去进行试验。因此，我们只能凭着本能和一点点教育常识，对孩子严加管束，而不敢向他放权。

给孩子权利，这听起来很空，实际上却可以从小事做起。比如，让孩子决定打扫自己房间卫生的时间，让他听听家庭财政支出的计划等。在放权的时候，我们一定要认识到一点，那就是孩子有很大的潜能，你若把他当成一个创造奇迹的天使，那么他真的会给你带来意想不到的奇迹。

让男孩当家做主

小光的妈妈住院了。这下家里大大小小的人都乱了阵脚。

爸爸要陪床还要上班，忙得人仰马翻，几乎没有时间吃饭。小光虽然一下子被松了绑，可是却经常要忍饥挨饿，还得穿脏衣服。有一天，小光居然把裤子穿反了，袜子也穿了两只不同的，被同学们大大嘲笑了一番。去医院看望妈妈时，小光依偎在妈妈身边，说："妈妈，你快好起来吧，我都要成弃儿了。"

妈妈非常难过，只能对小光说："儿子呀，妈妈现在不能照顾你了，你得学会照顾自己了。你答应妈妈，妈妈不在家的时候，不但要好好吃饭、睡觉，还要好好看家，好不好？"

小光郑重地点头，说："只要妈妈快点好起来，我什么都愿意做。"

妈妈继续说："妈妈信任小光，妈妈相信你，我不在家的时候，你肯定会把家照顾得非常好，是不是？"

"您放心吧，我已经长大了。老师今天还表扬我了，说我懂事了。我肯定会照顾好家的，我今天还给阳台上的花浇水了呢！""是吗？那我们小光可真是懂事了。"得到妈妈的信任、肯定和赞誉的小光，特别精神。探完病后，他雄赳赳气昂昂地回家了。在路上他就想好了，回家的第一件事，就是把房间里里外外打扫一遍。

爸爸把小光送到家后，又回去医院了。小光脱了外套，说干就干，开始大展拳脚。

在收拾书房的时候，他看到爸爸喜欢的碟和妈妈喜欢的 CD 就混着放的，其中还夹杂着几张自己的动漫故事片。小光决定把它们分开。

但这个工作并不像想象的那样顺利，因为很多碟片，小光分不清到底是妈妈的还是爸爸的。他就给爸爸打电话，爸爸一听他要动这些东西，赶紧阻止："你不要收拾。你把地扫扫，把乱放的东西摆整齐就行了。"

小光噘着嘴很不高兴，又给妈妈打电话。其实爸爸已经到医院了，他接电话的时候，妈妈就在旁边听着。如今又看到儿子打电话过来，她就知道儿子心里没有放下这事。她接过电话，问道："你是想把碟片分开放吗？"

儿子一听很高兴，说："是啊，那样咱们找起来肯定都方便了，不用乱翻了。我看见我爸爸有好几次乱翻碟片，结果还是没有找到。"

妈妈想了想，说："看来我儿子很细心，对家里每个人的情况都有些了解。

不过你要分开放，这个难度很大，而且碟片很多，有些你爸爸喜欢我也喜欢，分不出是我的还是他的。你看看能不能做一些别的什么事情，让我们家看起来更有条理一些。”

小光一听妈妈这样说，真的认真思考起来，他想了半天，终于想起一件事，就说："妈妈，我想起来了。我觉得咱们家可以建一个意见箱。您对我有什么意见，可以直接放到箱子里，然后我去看。我也是，有意见写在纸上放进箱子里。”

“嗯，这个不错。啧啧，我儿子还真有想法，我看行。你把房间里摆放得乱七八糟的东西整理好后，就做一个意见箱。另外，你再想想，看看我们家还需要别的什么。”

“好的，我知道了。”小光兴高采烈地说。

棒男孩教养妙招

Why：妈妈的这些做法非常漂亮，她肯定、支持、赞美孩子，让他去探索一件他从来没有做过的有意义的大事，孩子自然兴奋而又积极。只是在做的过程中，未免因幼稚而做得不合理，但妈妈还是没有斥责孩子，只是抛给他一个问题，让他自己思考。

How：1. 一旦决定放权，你就必须信任孩子。很多妈妈即使放权了，也总是不放心，还是指指点点，这会让孩子感觉不舒服。

2. 不断肯定孩子。即使孩子做得不好，也不要打击他，而是引导他，让他学会思考。

男孩做过一家之主，会更体恤妈妈

妈妈出差了，家里只剩下默默和爸爸了。爸爸很高兴地对默默说："这下没人管着咱俩，可自由喽。”父子俩击掌欢呼，而且马上就决定去饭店吃一顿好的庆祝一下这难得的自由。

父子俩的兴奋劲只维持了一天就难以为继了。原来爸爸不会做饭，又不能天天去饭店吃。在吃光了妈妈给他们准备的食物后，两人陷入了困境。父子俩来到超市，看着一大堆琳琅满目的东西，却不知道该买什么，只好买一些熟食、素食，回来随便处理一下就当正餐。

爸爸是个懒蛋，就连方便面也懒得煮，用开水一泡然后就吃。吃了几次，默默就受不了了，他给妈妈打电话诉苦。妈妈一听气坏了，要嘱咐爸爸两句，却又觉得不放心。她想了想，让默默把爸爸叫过来，然后打开电话免提："难道离开我一个女人，你们两个男子汉都活不下去了吗？"

爸爸还开着玩笑说："老婆，所以说你在我们俩心目中非常重要。老婆，你快点回来吧，不然我们俩肯定'为伊消得人憔悴'了。"

妈妈说："别嘴贫，我给你俩布置一个任务。我一会儿给你们写个食谱，都是简单的饭菜，然后用邮件发给你们。从今天开始，你俩一起学做菜，一起学做家务。默默，你和爸爸现在是在同一起跑线上，你有没有信心超过爸爸？"

本来默默听完妈妈给自己布置的任务后，还噘着嘴不太高兴。一听妈妈最后一句话，他开始有点兴奋了。他"嗯"了一声，没有多说话。

"默默，我昨天刚订购了一款数码摄像机，你想用吗？"妈妈听出默默有些不太高兴，就又提了一个新话题。

"当然想了。是从网上订购的吗？什么时候到货啊？"默默终于兴奋起来了。

"今天就能到咱家。到了之后，你就用这个来记录你和爸爸的情况，怎么样？把日期调整好，我要每天的记录。如果每天的记录都有，而且你和爸爸的表现都很不错，我就给你俩带喜欢的礼物；如果你爸爸表现不好，你表现好，还能督促你爸爸，我会把给爸爸的礼物送给你。"

"耶，太好了。"默默喊道，"我要打败爸爸。"

默默爸爸在旁边挤了挤眼，悄声说："你妈妈这是离间计，儿子别上当。咱俩是一条战船上的，不能自相残杀。"

默默说："那不行，咱家怎么着也得有人收拾才行，饭总得有人做才行。"尽管默默也觉得妈妈是在利用自己，但是他还是很积极地监督爸爸，自己也很努力地学习做饭菜、做家务。

妈妈回来的时候，还没发礼物，默默就笑嘻嘻地递给妈妈一幅手工绘画，说：

“妈妈，我和爸爸一致认为，应该颁给您一枚勋章，奖励您为家庭做的贡献。”

棒男孩教养妙招

Why：孩子有时候不在乎被父母利用，只要他觉得对所做的事情感兴趣就好。在这个故事里孩子没有享受作为一家之主的权利，而是承担作为一家之主的责任和义务，但妈妈的激励正好把权利的缺失补足了。孩子通过做一家之主所做的事情，也体会到了妈妈的辛苦。

How：1. **找到让孩子愿意做事的切入点。**用摄像机拍摄以及父子俩同台竞争，这就是调动男孩积极性的很好的切入点，这让默默很愿意做那些枯燥的活。

2. **多一些激励措施。**现在的孩子都生活在福窝里，不懂得辛苦，也不愿意付出，这就需要父母多采取一些激励措施。当然，如果你忍心，让孩子多吃点苦则更好。

好妈妈教养手记

让孩子做主，不但要给孩子权利，同时还要让孩子承担责任和义务。人都是有权利欲望的，小孩子在成长的过程中对做一家之主的欲望更加强烈。适当而又巧妙地放权，让孩子做做一家之主，会让孩子放宽眼界，心里眼里不再只有自己。同时，因为权利和义务相依存，孩子会越来越懂事，也会学着承担责任，学会为大家付出。最重要的是，孩子还会带给你更多的意外惊喜。

发现男孩稚嫩意见里的闪光点

妈妈：别看你这么小，没想到居然说得这么好！

儿子：能得到老妈的赞美太好了！

解答：越是有逆反心理的孩子，可能越需要妈妈的赞美。因为妈妈的赞美对于孩子来说就是成长的养料，是树立自信的根本。

孩子渐渐懂事后，对于父母的事总是想表达自己的意见，即使那个话题他根本就没有听明白。孩子插嘴是想在父母面前显示一下自我。如果此时父母积极肯定他的话，他就会更认真地倾听大人的话，并更认真地思考。如果你此时对他呵斥道："大人说话，小孩别插嘴。"那么孩子就会很生气，也很沮丧。他会把"小孩"和"大人"对立化，一方面，对成人的聪明羡慕嫉妒恨；一方面，又执着于自己的幼稚，不能获得更大的成长。

再幼稚的意见里也会有闪光点

大力的妈妈是一个韩剧迷。那段时间因为工作特别忙，连最喜欢的韩剧都顾不上看了。妈妈不由得唠叨起来："哎呀，都说劳逸结合，可是我现在只能"劳"不能"逸"了。这可如何是好啊？"

大力其实很讨厌妈妈看韩剧，因为妈妈只要看上韩剧，不但会像个白痴一样，要么痛哭流涕，要么手舞足蹈，而且还占用电脑，不能让他痛快玩一场。因此大力一听妈妈说没有功夫看，心里就暗暗叫好。可是大力的眉还没有飞舞多久，就被妈妈看到了。她严肃地看着大力，说："怎么？你小子在那里幸灾乐祸呢？"

大力赶紧笑嘻嘻地说："没有，没有，老妈，我哪里敢啊？我就是觉得你不能看韩剧了，挺可惜的，就和我不能玩游戏一样。""那不一样，我是怡情，你是颓废。""怎么不一样？我玩游戏还是益智呢。有多少人警告过你，看韩剧容易把脑子看坏？这样说来，我是怡情，你才是颓废。"大力很不服气。

爸爸在一旁乐得看着母子俩掐架，一会给大力加油说："儿子，你说得好。"一会又给妻子加油："老婆，我挺你。"妈妈看了看丈夫，气愤地说："你一边站着看热闹就行了，别插嘴。大力，我知道看韩剧是给你起了一个不好的带头作用，可是我是在工作之余啊。"

"妈妈，我玩游戏也是在做作业之余啊。"大力据理力争，丝毫不让。

"嘿，你这孩子，今天故意给我找茬，是吧？"妈妈没词了，她开始使用权威，企图压制大力的反驳。

"哼，反正我是看出来了。您要是没理了，肯定就会这么说。"大力降低了声音，却非常不服气。

妈妈沉默着想其他话题，只要转移了注意力，自己的尴尬就会迎刃而解了。一秒钟的功夫大力又接上了话茬，他说："妈妈，我看咱俩不如做一个表格，分别把韩剧和游戏的优劣性列一列，看看谁的危害性更大。""有完没完，我现在已经不看韩剧了。"妈妈说。

"那不行，我以后还想要玩游戏呢，我爸以后也得抽烟吧，你不忙的时候肯定也会看韩剧。那你俩都有颓废的自由，为啥我就没有？"大力又提高了嗓门。

这回连爸爸也扯进来了，他不能坐视不理了。他笑着为妈妈解围："儿子，是这样的，我们并不是不让你玩游戏，只是限制你玩游戏的时间而已。只要你学得好了，可以放松了，就可以玩游戏。"

"那不如这样，我们三个互相监督，互相评分，看谁把控得最好。"大力说。

"得，一句牢骚引发的权利纠纷。早知道，我干嘛自揭老底啊？"妈妈不由得叹道。

棒男孩教养妙招

Why：大力很聪明，一下子就能发现爸爸、妈妈身上的缺点，并以此为自己开脱，为自己争取权利。尽管父母限制他玩游戏是对的，但孩子还不能公正地面对自己的问题，所以他的质问全都在为自己服务。

How：1. **既然孩子提出异议，就应该正视。**不能用父母的威严来压迫他，那只会让他阳奉阴违。

2. **肯定孩子的想法。**尽管大力把父母的缺点摆在了桌面上，父母也不能因此恼羞成怒。在对待孩子时，也应采取公平公正公开的原则。

3. **接受孩子的意见。**这对大力的父母未必不是好事，接受孩子的监督，也能提高自己的素质。

意见虽幼稚但能引发头脑风暴

梭子奶奶去世了，留下爷爷孤零零一人生活在乡下。梭子的爸爸想把爷爷接过来，但是爷爷的脾气特别古怪，总是推辞说在城里生活不习惯，而且梭子的妈妈实在看不惯爷爷的行为方式。就连梭子对爷爷也是有意见的。爷爷原来唱过戏，所以每天都要听戏。在家里，他把音箱放在窗台上，自己一边在院子里收拾花草，一边听着戏文。可是在城里爷爷总觉得声音小，放不开，而且还不能开嗓，一开嗓，全家上下反对声一片。此外爷爷的脾气特别暴躁，经常大声呵斥梭子和爸爸，就连妈妈也不能幸免。

由于这些问题，爷爷和梭子一家三口无法融洽相处，加之爷爷坚持一个人在老家住，就这样爷爷在乡下孤单地待了半年。到冬天了，天气变得特别寒冷，而且经常下雪。爸爸几次往乡下打电话，听到爷爷的声音不对，他实在放不下心，就跟梭子的妈妈商量，把爷爷接过来。梭子的妈妈满心不情愿，可也不能眼看着老人受罪，有点愁闷。梭子也不高兴，一想到爷爷的呵斥就头疼。他一直在想，怎么才能躲避这个怪老头。梭子想来想去，想出了一个好办法。他对妈妈说："妈妈，咱们再买一套房子吧，就在咱家附近，这样又可以照顾爷爷，又不会听他训斥我了。"

妈妈一皱眉，说："你以为房子那么好买啊？咱这套房子的房款还没还完呢？拿什么再买房子啊？"

"那咱们得想个办法，让爷爷和咱们既不在一个空间里，又在一个空间里。"梭子说。

妈妈一听梭子这句话，不由得笑了，说："你给我出脑筋急转弯呢！行，既然你想到了，这个问题就交给你了。晚上我回来你告诉我方法。"

梭子还真认真去想办法了。晚上妈妈回来的时候，梭子已经想出办法了。他兴致勃勃地讲给妈妈听："妈妈，可以这样，我故意捣乱，爷爷的注意力肯定在我身上，他就不会找你们麻烦，但你们得力挺我才行。"

妈妈一听笑了："我要是力挺你，那还不是一样和爷爷闹矛盾啊？"

梭子说："那不一样，这样的话就只是我和爷爷之间的矛盾了。"

妈妈略想了一下，说："嗯，你还别说，我看行，要是能把你豁出去，我和你爸应该能轻松一些。"梭子不干了，嚷道："什么呀？那不行。您到时候得救我才行。"

"行，我看你这招还不错。我假意顺着爷爷的意思，但是说来说去，我还是会照顾你的。放心吧儿子。还是我儿子聪明，想出这么个好主意。"

棒男孩教养妙招

Why：小孩能出什么主意？大人都这么想。实际上有很多小孩为父母们想出了好点子。孩子的思维方式虽然幼稚，但绝不固化，总是别出心裁。即使他们的想法不成熟，但是会为父母提供新的思维方向，这就是孩童思维的优势。

How：1. **给孩子任务，让他思考。**男孩永远不怕你给他的问题大。你给他的问题越大，他就越高兴，因为这意味着他越有能力。

2. **认真听孩子的意见。**不要太看不起孩子的意见，沙里有黄金。

3. **根据孩子的想法拓展思路，功劳记在他头上。**孩子的想法毕竟是不成熟的，但是可以提供新的方向。如果你根据孩子的思维想出了新办法，这功劳一定要记在他的头上。

好妈妈教养手记

不可否认，孩子的想法是幼稚的。但我们也不得不承认，有时候他不经意的言行的确会给我们带来灵感，所以我们应该重视孩子的意见，平时就给他表达意见的机会。即使他表达得不够完美，也要适当予以赞美，并帮助他梳理思路。你在助他思考，而他在帮你拓展。

听听男孩如何评论你

妈妈：请你用几个形容词来形容一下老妈。

儿子：勤劳、严厉、幽默、无情、情绪多变，反正有好有坏。我喜欢好的不喜欢坏的。

解答：妈妈虽然是同一个妈妈，但因不同的环境、不同的言行，带给孩子的感觉却是不同的。给孩子一个评价你的机会，你就能找到自己的错误，找到更好的沟通方式。

我曾让三个六七岁的小男孩画一幅《妈妈的面孔》。有个孩子马上在纸上画了两个圆。我不解其意，问道："为什么要画两个圆？"他说："妈妈有两副面孔，一副是笑的，一副是不笑的。"第二个听说后马上表达自己的意见："我的妈妈有三副面孔：笑、不笑，还有哭。"第三个唯恐自己落后，说："我妈妈有四副面孔。"我笑了，以为这是孩子们的复制模仿，但那个孩子说："笑和不笑都有两副面孔，笑有真笑假笑，不笑有哭还有怒。"我大为惊诧，没想到孩子们会有这样的观察力和理解力。

其实每个人都有两面性。在孩子面前，大多数妈妈也有两副面孔：第一副面孔是笑着的、温暖的，而第二副面孔是紧绷着的、冷漠的。当我们微笑的时候，孩子就愿意往我们身边凑一凑；可是当我们面孔紧绷的时候，孩子会对我们敬而远之。如果孩子故意疏远我们，我们没法弄懂他的心思，所以让孩子评价我们，是我们和孩子进行深入沟通的一种很好的方式。

从男孩的品评中发现自己的错误

强子的妈妈温柔善良，总是面带笑容，很少发火。她自己也一直以阳光天使自居。那天妈妈带着强子在超市里购物，在路上遇见了一个邻居。妈妈和邻居两人站着说了一会儿话。邻居遇到了一点麻烦，整个人特别憔悴。妈妈热心安慰着她，邻居叹了口气说："也可能是我的修行不到，反正总是遇到乱七八糟的事，心一刻也静不下来。我真羡慕你，你总是笑呵呵的，什么愁都没有。"

妈妈笑着说："我是没心没肺。"强子在旁边马上说："才不是呢，您是没看见我妈妈发火，她总是在家里发火。"妈妈一听，面露尴尬，不禁瞪了强子一眼。

邻居马上说："那肯定是你惹妈妈了。你要是不惹她，她才不会随便发脾气。"

"我才没惹妈妈呢，是她自己想发火。"强子说。

妈妈没有接话，而是岔开了话题。两个大人又聊了一会，就各自散了。强子跟着妈妈继续逛超市。一路上妈妈都没有吭声，强子这才意识到，妈妈生气了。回家后妈妈问强子："我经常对你发火吗？"

"是！"强子回答完后，看到妈妈脸色阴沉，不由得改口说，"也没有，您就是有时候忍不住批评我两句。"

"我怎么批评你了？你要是没做错的话，我会批评你吗？"

"您那也不能算是批评，我给您重复一下每天跟我说的话。每天您说得最多的，就是'**你怎么不快点，就知道磨蹭**'，我是喜欢磨蹭，可是您看我们同学比我磨蹭得多了。您有时候急了，还过来拍我两巴掌。"

"我拍你两巴掌也不疼啊。我三番五次地叫你，你都不听，只好让你长长记性，这有什么错呢？"

"您打我那两巴掌是不疼，可是有时候吓我一跳。那天早上，我刚想清楚一件事，结果被您一打就打忘了。"

"你还怪我啊，我喊你吃早饭，喊了三遍，你还站在客厅发呆，我不打你一下，你能清醒过来吗？"

"我早就清醒了，就是在想事而已。而且我发现一个很明显的规律，您要是睡不好，我挨的巴掌肯定多，我被你扯着嗓门喊的时候也多。"

棒男孩教养妙招

Why：妈妈特别注意生活细节，有时候反而会忽略自己的情绪变化，但孩子是敏感的，他能体察到妈妈情绪上细微的变化。孩子对妈妈的情绪如此敏感，是因为妈妈的情绪直接决定着他的情绪状态。如果妈妈不高兴，他也很难高兴起来。

How：1. **不要给孩子脸色看。**即使孩子指出了你的错误和缺点，也不要给他脸色看，因为他本来就对你的脸色有所畏惧。

2. **男孩打开了话匣子，索性让他畅所欲言。**越是想约束孩子的言行，他对你的意见可能越大。

3. **听从孩子的意见。**如果孩子说到你的痛处，你不应恼怒，反而要感谢孩子，因为这可能正是你的错误所在。

通过男孩对你的品评，了解他的内心世界

一家人难得坐在一起吃晚饭，平平显得特别高兴，絮絮叨叨地和爸爸妈妈说着学校里的事情。说到兴奋处，还跳了起来，惹得爸爸妈妈都笑了。

爸爸说："食不言寝不语，大口吃饭都堵不上你的嘴！"

平平嘻嘻笑着说："你俩平时工作都那么忙，有三分之一的时间都是我自己吃饭，好不容易坐在一起了，还不许我高兴高兴。"

妈妈感叹道："这真是苦了我们平平了。既然平平高兴，就让他说个痛快。不过呢，我还是建议你先吃饭，吃完饭之后再说。"

"那不行，吃完饭之后，您肯定说：'平平啊，去做作业吧。'我爸就去看电视新闻了。谁都没有时间。"

"好吧，好吧，那你说吧，但是别忘了吃饭。"妈妈只好迁就平平。

得到了妈妈的首肯，平平更高兴了。可是他一张嘴，却忽然没了话题，抓耳挠腮了半天，才说："哎呀，我刚才都说得差不多了。不知道你们听明白没有？要是没听明白，我就再说一遍。"

“行了，你就别再重复了，有你妈一个话痨就够了。”爸爸表示反对。

“那好吧，我跟你们讲个笑话吧，这是我一个同学说的。”平平说。

“嗯嗯，这个行。”爸爸连连点头。

“有三个小孩玩过家家。第一个小孩说：‘我当爸爸。’第二个小孩说：‘我当妈妈。’这时候，第三个小孩娇滴滴地说：‘我要当小三。’”

平平的话音未落，爸爸的一口饭喷了出来，正喷在平平的脸上。平平闭着眼、皱着眉，好半天才抹掉脸上的饭，说：“您要下雨，好歹给个预报行吗？”平平虽然对这“突降之米”很反感，可是看到爸爸如此大动静，看到妈妈也捂着肚子笑得差点趴在桌子上了，心里不禁得意起来。妈妈强忍住笑，可身子还在颤抖着，几乎哆嗦着问：“这是谁说的？”“我们班一个同学说的。”平平说。

爸爸已经缓过神来了，说：“你们这些孩子，不知道都想些什么乱七八糟的？”平平不理爸爸，回头看妈妈，问道：“您怎么说？”

妈妈说道：“现在小孩子都学坏了，思想太不单纯了。”“就知道你们会这样说。哼，事情是你们大人做的，我们只不过是鹦鹉学舌一下而已，但是你们怪的却是我们！”一句话让爸爸和妈妈面面相觑，目瞪口呆。

棒男孩教养妙招

Why：好多妈妈说：小孩看似什么都不懂，可是会突然说出特别有哲理的话。别看妈妈特别细心地照顾孩子，但妈妈还是很容易忽略他，而他却在看似漫不经心中认真地观察着这个世界，观察着他的父母，并在脑海中把这些形象和行为总结为简单的词句。

How：1. 多给孩子开口的机会。孩子说得越多，你越容易接近他。

2. 不要想当然评论孩子。孩子的语言表达方式和父母的表达方式，有时候会有一些差异。想当然地评论孩子，很容易让亲子之间产生误解。

3. 多给孩子评价你的机会。孩子评价你，并不会冒犯你的权威，只会让你取得更大进步。

好妈妈教养手记

孩子的心是纯粹的，就像一面镜子，清晰而真实地照出我们的形象。可大多数时候我们只是把孩子当成一块木头，我们希望用斧子去削砍木头，却没有心思细看其本质。唐太宗曾经说过，以人为鉴，可明得失。父母也可以这样说：以孩为鉴，可明得失。

男孩有怨言，让他说个够

妈妈：我看你好像一肚子话，却整天闷声不响。我今天要认真听听，你可以把全都说。

儿子：每天听老妈抱怨，心里特别烦。没想到我抱怨完了之后，心里特别舒服。

解答：孩子也有情绪，如果他不能定时发泄，很容易产生精神负担。所以，如果我们定期让孩子抱怨一下，就可以缓解他的不良情绪，同时还能检查自己的教育方法是否妥当。

在我们的印象中，女孩的怨言似乎更多一些。很多女孩稍有不满，就噘着小嘴撒娇，抱怨连连。可是男孩们，似乎很少抱怨，有情绪就生闷气，或者搞搞破坏。男孩不善于表达，作为妈妈，才更应该给他一个抱怨的机会。

在成人的世界里，抱怨已经被视为一种很消极的表达方式，因为抱怨于事无补，只会让人的情绪变得更糟。但在教育男孩的过程中，你不妨巧妙地利用一下这个方法。

有一个男孩，因为闯祸被父母揍了一顿。他郁闷地站在一个角落里，眼泪已经干掉了，眼睛里满是怒火。我问他："我现在想大声喊，你愿意跟着我喊吗？"说完我就无所顾忌地大声喊起来。孩子看了我一小会儿，也跟着喊起来，后来一边喊还一边自言自语。

我仔细听了一下，全是对父母的抱怨。

抱怨有助孩子发泄愤怒

树已经三天没有跟妈妈说话了，这可是史无前例的。以前树也和妈妈生过气，不过都是一转身的时间。可现在他居然“记仇”了，这让妈妈有点难过。

周末妈妈要带树去游乐园玩，这可是妈妈下了好大的决心才决定的。因为游乐园里人太多，孩子玩一个项目就得排很长时间的队。

树在心里已经欢呼雀跃，可是表面上还是很冷漠。妈妈急了，说：“你要不想去就算了。”树还真沉得住气，说：“算了就算了，谁稀罕。”这一回，轮到妈妈没招了。妈妈沉默了好长时间，才问道：“你怎么回事？以前不是很愿意去玩吗？我可跟你说，过了这个村就没有这个店了。”

树只是不吭声。妈妈有些不知所措，觉得刚才不该太早放狠话。她故意缓和了一下语气，说：“你是对妈妈有意见吗？你有意见就说。我是一个很民主的妈妈，我保证尊重你的意见。”

“哼，您每次都这么说，可是您想知道的根本就不是我的意见，而是我的私密，我太清楚您了。”树有些愤愤地说。

看到树那副样子，妈妈不禁笑了起来。她说：“好，这样吧，我看你满肚子怨言，你只要敢说，今天我就给你机会说个够，你敢说吗？”

“谁不敢？我凭啥不敢？”树没有看穿妈妈的激将法。

“好，那你现在就说说。”

“您最喜欢唠叨，一唠叨就打击我，不打击我您就不知道还能说什么……您看我刚说到这里，您就想打击我。您要是打击我，我就不说了。”树也很有心眼，用了一招欲擒故纵。

妈妈本来张嘴想反驳，听树这样一说只好闭嘴，乖乖听着。

“您就是虚伪，和岳不群一样。每天都说民主、说尊重，其实您就是喜欢限制我。我最近才发现，您喜欢一步步设下圈套，假意和我做朋友，实际上是套我的心里话，窥探我的秘密。等您知道了我的弱点，就会马上采取行动。您就像一个潜伏者。”

树愤愤不已，妈妈越听越觉得可笑，忍不住笑出了声。树嚷道：“不许笑，我现在是在控诉您，您不能笑，严肃点。”妈妈越发忍不住。她看到树眼泪都要流出来了，赶紧止住笑声，说 :“好好好，我认真听着。”

树又继续说下去，一打开话匣子，他就忍不住了，陈年的芝麻往年的谷子，全都倒了出来。一开始，他的语速特别快，情绪也特别激动。随着时间慢慢拉长，他的情绪慢慢平复下来了。

这时候，妈妈开始插话了。她故意打趣树，树也没有恼怒，反而笑了起来。树把自己的全部心事都述说完毕后，娘俩已经和好如初了。树长舒了一口气，说道 :“妈妈，谢谢您听我说，以后您有不满，也这样跟我说。”

棒男孩教养妙招

Why：孩子的心是博大的，有时候比成人还能包容。尽管树对妈妈有很多不满，但当妈妈很认真地听完树的抱怨后，树还是感谢了妈妈。反过来，如果妈妈一味压制他、训斥他，结果肯定会很糟糕，因为他的情绪没有得到舒缓。

How：1. **孩子满腹怨言时，引导他宣泄出来。**孩子越是不说，母子间的矛盾就越深。

2. **孩子抱怨的时候，妈妈尽量少插嘴。**孩子需要一种自己掌控话语权的感觉，这种感觉有助于他消化不良情绪。

3. **当孩子情绪渐趋稳定，再适当与孩子谈话。**谈话的内容一定要谦和，至少要表达爱孩子的心。

男孩词不达意的怨言，更需细心倾听

和树一样，小金和妈妈的矛盾最近也比较尖锐。但和树不同的是，小金更喜欢攻击妈妈。比如，吃早饭时妈妈说 :“咱们得快点，不然就要迟到了。”小金马上说 :“我们都不吭声，就您一个人在 唆。”

小金顶嘴时，妈妈也只是有点小小的情绪，然后狠狠瞪小金两眼，事情就过去了。可是最近几天，小金都是这副态度，不管妈妈做得对不对，他总是喜欢挑刺。

妈妈终于觉察出问题了。一天，就在小金批评妈妈说话的声音特别难听时，妈妈爆发了。她问小金："你给我说清楚，你到底想干什么？我哪里得罪你了？你怎么处处都针对我？"

小金毫不示弱迎风而上："我就是针对您了。"

"好啊，你好勇敢啊！"

"哼，听听，我和自己的妈妈说话都没有勇气，那我还敢跟谁说话？"

小金轻描淡写的一句话却说到正理上了。妈妈一时语塞，好半天才重新捋好思路，说："我明白了，你是嫌我对你管束太严，你缺乏自由，对不对？"

"不是，我哪敢说您严格啊？"

"我跟你说正事呢，你给我好好说。你最近情绪不对，我到底做了什么让你这么不舒服？"

"您做什么都让我不舒服。"

"那你倒是说啊。"妈妈有些急，但她还是停下来稳定了自己的情绪，继续说，"你要是不说，我可能真不知道我到底哪里做错了。"

这回小金不说话了。他半信半疑地看了看妈妈，见妈妈正用眼神鼓励他。从来没有见过妈妈如此，小金反而有些不知所措了。他张了张嘴，半天也没有说出话来。看着妈妈眉头渐渐皱起来，他的脸都涨红了，终于说："我就是觉得委屈。"

妈妈引导道："怎么委屈？"

小金又低头不语了，妈妈也一直没有说话。沉默半晌，小金终于说："我觉得您不能打我。"

妈妈仔细想了想，这几天她还真的没有打过小金，以前盛怒之下的确揍过他。妈妈想说："我最近没有打过你啊。"可是她一转念，还是说："那好吧，我为我打你道歉。以后我会尽量克制自己。你可以在我打你的时候提醒我别打你。"

"真的？"

"真的！"

"那好吧，我要是对您的言行不满意我能说吗？"

“能！我现在就想听听你对我的看法。”

“现在我有点想不起来了。就是觉得您喜欢打我，喜欢责怪我，喜欢指着我的脑门说：‘小金我告诉你，你得怎么样怎么样，否则我对你不客气。’我不喜欢这样的您。”

妈妈长叹了一口气，心想：伺候一个孩子怎么这么难啊？

棒男孩教养妙招

Why：没错，伺候一个孩子的确很难。特别是伺候一个词不达意的男孩更是如此。很多男孩往往粗枝大叶，不善于总结，和父母沟通，也是无缘无故地胡闹，其实这都是他内心情绪没有得到宣泄所致。

这时候妈妈一定要忍受孩子的无理取闹，因为越是如此，问 题越容易解决。如果妈妈一味责怪孩子，可能就错过了和他沟通的最佳良机。

How：1. **孩子突然之间变得特别叛逆时，妈妈应留意。**如果不是特别任性的孩子，他突然的改变肯定是有原因的。

2. **让孩子尽情表达。**不要打断他，要顺着他的情绪说。

3. **孩子表达不清时帮他梳理。**怨言越多，他可能越说不清。这时候妈妈不妨站在他这边，替他说话。

好妈妈教养手记

在听孩子的怨言时，一定要让他引导你，而不是你引导他，因为这是在帮助他疏导情绪，如果你总是想用你的思维和方法压制他，他的不良情绪不但得不到舒缓，反而会累积得更多。孩子的心胸是宽大的，当你帮他排解情绪后，他对你的一切不满都会消失，不仅如此，他还会积极主动地和你建立更良好的关系。

把男孩当成老师那样尊重

妈妈：儿子，别看你小，好像什么都不懂，但我觉得在某方面，你也可以做我的老师。

儿子：妈妈您太客气了，我哪里能做您的老师啊，我是班门弄斧。

解答：你敬他一尺，他敬你一丈，这个最经典的处事原则在孩子身上体现得特别明显。妈妈越尊重儿子，儿子对妈妈就越敬重。

现在的师生关系有点扭曲：老师有繁忙的教学任务，学生有更加繁忙的学习任务，两者几乎没有什么交心的机会。而学生对老师，也很少像古人那样尊重。我这里说的尊重，更希望你能理解为像古人那样的深深尊重，看过《射雕英雄传》吧？郭靖很尊重江南七怪，我说的就是这种尊重。

我们总是强调孩子要尊重父母。如果我们尝试着去尊重孩子，可能会更理解孩子的心境。听我这么一说，肯定就有很多妈妈反对：至于这样吗？那还不把孩子惯坏了？我没有强迫你的意思，我只是为你提供一种方法，而且我这里说的尊重并不是娇惯。

被尊敬的小男孩更自信

小贝家来客人了，是小贝爸爸和妈妈的亲戚们，他们是来参加小贝小姨婚礼的。小贝虽不是一个“人来疯”，可是看到有这么多人来，还是兴奋不已。他跑东跑西，和他们聊天，照顾他们。

妈妈和爸爸也都很忙，妈妈忙着帮小姨化妆去了，而爸爸则和小贝未来的姨父忙着制定婚礼当天的各项程序。正在小贝忙得不可开交时，妈妈回家来找东西，亲戚们都说小贝懂事。妈妈尽管很忙，还是停下来，欣慰地看着小贝。小贝也笑着看妈妈，他想说什么，但是又不好意思地笑了，什么也没说。这时有人喊小贝，向他要烟灰缸，小贝转身又走了。

妈妈就说："**我这个儿子还真懂事，今天是帮了我的大忙了。你们有什么事就找他吧，我相信他能做好的。**"小贝虽然人在里间，但耳朵却伸到了妈妈旁边。他听到妈妈这样说，心里一阵激动，要不是眼前有人，他肯定要跳起来了。妈妈说完这话，又走了。小贝一直听到妈妈走出房间他才出来，有几个人向他重复妈妈的话，他憨憨地笑不接话。

小姨的婚礼很快就结束了。从婚礼现场回到家后，小贝再也撑不住了，一头扑倒在床上，大声喊道："妈妈，这咋比我自己结婚还累啊？"

妈妈也疲惫不堪，但是听到小贝这样说，忍不住大笑起来。她一边笑一边倒在儿子身边，说："哎呀，我的儿子，你真的是让老妈刮目相看。人家都说，不遇到事不知道孩子长多大，看来真是。要不是有你小姨这事，我还把你当小孩看呢。"

小贝有些不好意思了，说："行了，妈，您就别再夸我了，我会骄傲的。"

"妈妈可不是夸你啊。你知道吗？本来你小姨的姑婆婆对你小姨很不满，但是看到你这么懂事，她马上打消顾虑，说：'她姐姐这么会教育，她肯定也不错。'你小姨说了，她今天得向你敬礼致意。"

"过了，过了。"小贝哈哈大笑，从床上跳起来，跑出房间。妈妈问他干什么去，他说："我想出去玩会儿！"

棒男孩教养妙招

Why：从来都是孩子尊重父母，如果反过来父母也尊重孩子，那么孩子就会受宠若惊，会感动而又积极地卖力表现。这时候，他可能表现非常好，也可能会犯错。不管怎样，你都要尊重他。

How：1. **把孩子当成成人那样尊重他。**尊重与爱护、赞美不同，孩子喜欢被人爱护、赞美，但是更喜欢被人尊重。

2. **尊重不需要理由。**文中妈妈讲了很多理由，但其实真正的尊重是不需要理由的，而成长正需要这种没有理由的尊重。

犯错的孩子也需要尊重

郅治妈妈到家长学校听过讲座，学会了一些教育理念，比如尊重孩子，不能给孩子太多的负担等。老师讲得很精彩，郅治妈妈听得也很激动。因为很多理念和方法，她闻所未闻，同时她的很多方法，都被老师认为是错误的。

在回家的路上，郅治妈妈下定决心，一定要"痛改前非""改头换面"做教育。可事与愿违，她刚打开家门，"嗖"一下眼前就飞来一物，正好打在她的眼睛上。郅治妈妈疼得蹲到了地上，她的火"腾"地一下就上来了，眼看着一阵"机枪"声就要响起来了。正在此时，她包里的笔记本掉了出来，那是她听课的笔记。郅治妈妈心里一惊，连忙压制自己：不行，不行，我要学会尊重孩子。她揉着眼睛站了起来，向四处看。

只见郅治和三个同学呆愣愣地站在沙发旁边。有两个同学见势不好，背起书包告辞。郅治想抓住他身边的那个同学，但那个同学蹲下身子，像鱼一样从郅治手里溜掉了。瞬间，三个孩子就跑得无影无踪了。

郅治绝望了，想：这回肯定是免不了一顿痛骂。没有想到妈妈平静地坐在了沙发上，并且拍着她身旁的位置，让他也坐下来。

郅治哪里敢坐，他皮笑肉不笑地说："妈妈，刚才真的不是我扔的，我向您发誓！我会教训他的。"

妈妈摆摆手，说："没事，我不是说这件事。"想说什么事呢？郅治妈妈心里一下子没谱了。尊重孩子，看着多简单的几个字，可是当下她居然不知道该怎么做了。她想：反正我只要平心静气就对了。

妈妈说："你别怕，我不会骂你。今天我去听课了，老师告诉我，要'尊重孩子'。我想我以前骂你，就是对你不尊重。从此以后我不骂你了，把你当成成人看待。成人也有犯错的时候，成人犯错只需要惩罚就可以了。"

"那您怎么惩罚我？"郅治小心翼翼地问道。

看到郅治狡黠的样子，郅治妈妈心想：这真是对的吗？他会不会利用我对他的尊重，为所欲为？但是不管咋样，我还是试试看吧。因此，她说："我决定让你打扫卫生。"

"这太简单了。"郅治听妈妈这么一说，高兴得几乎跳起来。郅治妈妈又疑惑了：这的确太简单了！这么轻松的惩罚和不惩罚有区别吗？这么做郅治可能认识不到自己的错误。

因此她又沉下脸来说道："但是我尊重你，你也得尊重我。我希望你现在检讨一下刚才的错误，给我写一份检查，必须一千字以上，要写明下次惩罚的措施。这份检查我要留存下来，以后你再犯我就不用惩罚你了，你自己惩罚自己。"

郅治吐了吐舌头，小声说："就知道您这里没有好果子吃！"

棒男孩教养妙招

Why：郅治妈妈一直怀疑尊重孩子这种教育方式，所以她最终还是有那么一点点不尊重孩子，或者说至少让孩子觉得还是换汤不换药。

How：1. **平心静气的确有助于表达尊重。**孩子一闯祸，你就大喊大叫，这首先会让他觉得你们地位不平等，一个是犯人，一个是审犯人的。

2. **不必告诉孩子你应该尊重他。**你告诉他，他会一直拿这作为把柄要挟你，稍微有一点不如意，他就会说你不尊重他。

3. **受尊重的孩子也会犯错，妈妈得认识到这一点。**男孩不会永远循规蹈矩，也不会永远做懂事的孩子，否则他会太累。

好妈妈教养手记

没有尊重，就没有教育，这是肯定的。不尊重的表现有很多：唠叨、指责、体罚、审判式谈话、剥夺孩子必要的权利……尊重的表现也有很多：认真聆听、平静惩罚、让孩子有自己的隐私……尊重和不尊重，有时候只是一念之差。我这里用了一个标题“当成老师那样尊重”，其实就是提出了一个尊重的度。有了这个度，我们基本上就能掌握分寸了。

第 7 章

寻找缓解压力的方法

妈妈充实了，唠叨就少了

工作又忙又累、情绪糟糕，男孩吵闹更添烦恼，怎样才能做到心平气和?

管孩子、忙事业，爬爬山、逛逛公园，真能缓解压力吗?

我带孩子出去玩时，她家孩子在上补习班，我的孩子反而更优秀?

调整好情绪，再面对孩子

妈妈：我现在有点伤心、愤怒，你先给我十几分钟的时间，让我自己待一会儿。

儿子：好的，妈妈，加油，我爱你。

解答：在家里设置一个情绪清空区，有坏情绪的人进入这里，那么他的坏情绪就不会传染给别人。

情绪是会传染的。上班坐车的时候，如果你看到对面有一个一脸怒火的人，你的情绪肯定会受到影响，想自动远离他，因为我们通过表情解读情绪，据此作出相应的反应。

孩子也是如此，如果他看到妈妈满脸怒火，那么他的小心脏肯定“噗噗”乱跳，要么恐惧，要么难过，要么气愤，“本来无一事，情绪惹尘埃”。

为了避免这样的“无事生非”，妈妈就必须不带任何情绪地面对孩子，所以我们在面对孩子之前，必须先倒掉自己的情绪垃圾。

坏情绪，抛在家门之外

小廖最近情绪糟透了，因为她发现自己在公司里仿佛成了透明人。人们对她的尊重不再，老板对她的信赖不再，就连参加会议时的重要发言，也不再如往昔般受到热烈欢迎了。

尤其让小廖感到不安的是，老板居然招聘了一名新员工。那是一个年轻的女孩，她的工作和自己相同，而任务却更重。小廖惶惑不已，却不敢和老板摊牌，只能背后胡思乱想。可是越想脑子越乱，除了一肚子的气、一肚子的怨，就没有别的东西了。

对于一个接近四十的女人来说，在家里她已经是“昨日黄花”；而在公司她已经是“秋日落叶”了。如果是“鸟尽弓藏”那倒也罢了，可现在明明是战火硝烟，老板却要临阵换将，小廖怎么也想不明白，她不知道老板此举到底对公司有多大意义。

带着这样的情绪工作，小廖的疲惫来得更猛烈了。每天黄昏回到家里，走进房间就不想再出来了。

可是她是一个妈妈，听着孩子一声声“妈妈”“妈妈”的叫喊，看着他一脸充满期待的表情，小廖就觉得特别心酸。她只好咬牙强作欢颜，和儿子打打闹闹，让他获得一天的心安。

一天倒也罢了，两天也还可以，三天尚能支持。可是随着时间的流逝，小廖在公司的境遇并没有得到任何改变。那个新职员自己做不好事，却三天两头给她制造事端。她惶恐又愤怒，努力却又委屈。再回到家实在是无法以笑颜见亲人了。

儿子再来身边央求妈妈陪自己玩时，小廖就烦了，让他先自己玩一会儿。儿子不能理解妈妈，振振有词地说：“您已经一天没有陪我了，怎么现在还不理我？”

小廖心头的火苗“蹭”地往上蹿。她烦躁地推开儿子，说：“去去去，别那么烦行吗？我现在都快难受死了，你还来烦我，还让我活吗？”

孩子被推了一下，差点摔倒，又见妈妈如此的表情和声音，大概是吓坏了，“哇”一声哭起来。

看着孩子娇嫩的小脸很快被一串串泪珠缀满，小廖心疼了，她赶紧过来搂住儿子。儿子见妈妈过来，也张开小手紧紧搂住妈妈的脖子，一边哭一边说：“妈妈，妈妈，我不让你烦了，我不让你烦了，你别伤心难过，好不好？”

小廖眼泪也下来了，她亲了儿子一下，说：“不是，不怪儿子，这次是妈妈有情绪。你给妈妈几分钟时间，妈妈平复一下情绪，好不好？”

儿子连连点头。

棒男孩教养妙招

Why：小廖的难过和心焦，孩子是无法理解的。他所能看到的，是妈妈当下对待自己的态度。如果妈妈生气了，那一定是自己错了。所以妈妈必须在见孩子之前，把自己的情绪处理好。

How：1. **不要带着情绪回家。**工作上的事情，在回家之前就要卸在门外。

2. **如果实在排解不了情绪，就告诉孩子，妈妈现在心情不好。**可以和孩子分享一下什么是情绪，同时在家中建立一个情绪处理角。这样，妈妈不但可以处理自己的情绪，还可以帮助孩子处理情绪。

不要把生活的艰难倾倒给孩子

有一个单亲妈妈，生活得特别辛苦，一边要工作，一边还要照顾儿子小松。她每天都忙到筋疲力尽，可每天还总是战战兢兢，神经绷得非常紧。小松过生日那天，妈妈答应给他开一个热闹的 Party。小松高高兴兴地做了请柬，请很多同学、朋友来家里玩。妈妈很认真地准备各种礼品、食品和玩具。但让她没有想到的是，这个 Party 居然来了 40 多人。

第一个人敲门的时候，妈妈怀着高兴的心情接纳他。她非常担心儿子因为单亲而变得孤僻。可是当敲门声络绎不绝，孩子们的欢声笑语一声高过一声时，她发愁了：这么多孩子，准备的那些礼品和食物根本就分不过来啊。

为了让小松高兴，妈妈赶紧跑到附近的超市，大包小包地买回来很多东西。她一脚踏入门里时，以为自己走错了房间：鞋柜没了，地毯被卷了起来，茶几被掀翻了，一组沙发也各奔东西，而客厅里居然一个孩子都没有。

紧接着，就听见书房里啪的一声。她吓了一跳，赶紧把东西扔掉，跑到书房。一屋的小脑袋一下子映入眼帘，还有那一屋的喧闹，随着房门敞开“哗”一下就扑了出来。

妈妈脑袋嗡嗡响，感觉天旋地转，不由得尖声喊道：“你怎么到这屋里来了？我的文件，我的文件，要是毁掉一个，咱们娘俩就甭活了！”房间里一下子静下来了。靠近门口的几个孩子悄悄溜出了房间，其他孩子们纷纷往外闪。

人越来越少，这时小松才从一个旮旯露出脑袋，有些胆怯地走过来，小声说：“对不起，妈妈，不过你放心，我们没有动您的文件。”

妈妈恨恨地说：“我什么都替你考虑，你为什么就不替我考虑一下呢？你真让我寒心。”就在这时，又听见卧室里“砰”的一声，妈妈来不及考虑，转身跑到卧室去查看，打开卧室门，又是一屋子的脑袋。在漫“屋”飞舞的鹅毛下，有的孩子在床上，有的在柜子上，有的在地上。小松的妈妈几乎瘫在门口了。不用说，她的那条鹅毛被已经报销了。

小松也冲进来把朋友们都赶到客厅里去。妈妈的脸色非常难看，但还是极力忍住了脾气。

好不容易熬到晚上，当把最后一个孩子送走后，妈妈再也忍不住了，忽然大声哭起来，一边哭一边说：“你以为我养你容易吗？我一个人啊，你知道吗？我一个人养你啊，哪一点考虑不到都不行。我害怕你因为没有爸爸不快乐，可是我错了，你哪里不快乐了？”

看着妈妈鼻涕一把泪一把的，小松害怕了，也哭起来。

妈妈连看也不看他，继续说：“都说男孩没有良心，长大娶了媳妇忘了娘。我看你还没长大，就没有良心了。我为了你的快乐，竭尽全力，可是你为了自己的快乐，根本不顾一个当妈的辛苦。你要是再这样的话，我只有死路一条了。”说完就开始号啕大哭。

开始小松还很难过，后来他眉头一皱，转身就走。这让妈妈吃了一惊。她停下哭泣，大声问道：“你要去哪里？”

小松说：“你不要再烦恼了，不就是因为我给你增加负担了吗？我现在就走，永远离开你，让你解脱！”

棒男孩教养妙招

Why：虽然是孩子引发了妈妈的坏情绪。但是这坏情绪下却藏匿着很多其他因素。一味责备孩子，对他来说是不公平的。孩子想到的不是公平与否，而是自己的罪过大小。越是胆战心惊生活的孩子，越觉得自己的罪过大。

How：1. **就事论事**。小松的错在一是没有周密的准备和计划，二是没有和到访的孩子定好规矩。妈妈养他很艰难，却不能算是小松的错。

2. **再难也不要用生死逼迫孩子**。对于已经失去爸爸的小松来说，妈妈是自己的全部依靠。听到妈妈要寻“死”，对于他来说是天大的打击。他会恐惧，也会更痛恨自己。

好妈妈教养手记

很多妈妈看不到自己的坏情绪，也不会在孩子面前刻意控制自己的情绪。但孩子是刚露芽的春苗，妈妈的坏情绪就像带着寒意的春风。带着坏情绪教育孩子，你难免会有些是非不分，不会针对孩子的错误教育他，这就会让他产生混乱。同时，看到你情绪不佳，孩子也会堕入情绪的低谷。所以，我们一定要学会控制自己的情绪。

妈妈充电，孩子也会效仿加油

妈妈：儿子，妈妈现在也在学习，人得活到老，学到老。

儿子：妈妈，你学得那么投入，我好惭愧啊，看来我也得好好学习。

解答：妈妈也是男孩的榜样，如果妈妈能够让自己充实起来，孩子会看在眼里，记在心上，也会尽力效仿。

职业女性有很多充电的机会，这里上个培训班，那里考个证。不过我这里所说的，并非这种充电。这种充电对孩子也具有激励作用，但妈妈忙于充电，很容易忽略孩子，所以，这种充电对孩子的教育意义反而会减弱。

这里所说的充电是指精神上的充电。这需要我们对生活有一种豁达的心态，对自己有一个清醒的认识，尤其对自我价值能有充分的把握。这样我们才能够让自己活得更充实一些。

妈妈对自我价值的认识要正确

鸿基的妈妈是一个有身份的人，这不会让她自高自大；鸿基的爸爸是一个有身份的人，做有身份的人的妻子，就不光是有身份的人了。鸿基的妈妈自己也有工作。她的工作虽然没有夸张到“一张报纸一壶茶”的轻松，也绝对有“养养身体养养年华”的惬意。

如果你认为鸿基妈妈因此就活得很超脱，那你就错了。越是站在群山中，就越是想往上爬。鸿基妈妈身边的朋友都活得很精彩：**男人都有着举足轻重的地位；女人则为了男人的举足轻重地位搭桥铺路**。在这样的环境里，鸿基妈妈的工作反而显得没有辅助丈夫的工作重要了。

鸿基妈妈上班的时候，也是很努力的。不过，她的心思都放在如何用三十六计、七十二变获得名利富贵上。对待鸿基妈妈也是如此。她经常对鸿基说："儿子呀，爸爸妈妈现在为你铺好路，以后你走起来就轻松多了。"或者说："儿子呀，不管你走哪条路，先得学会铺路，铺好路之后再走就容易多了。"

这是鸿基妈妈的两个主导思想，也是贯穿一家人生活的基本论调。妈妈成了鸿基最有力的护驾者，遇山开路，遇水搭桥，因此鸿基的生活可谓一帆风顺。在鸿基的印象中，初中就读的事情记得非常深刻。鸿基的爸爸身份又一次提升，而妈妈立刻决定让鸿基转到更好的初中。

对于一般家长来说是一个难题，可对于鸿基妈妈来说，却只需要一点功夫，上面可以走走关系，下面可以施加点压力。

反正很快鸿基就进入了最好的初中。在上学之初，鸿基妈妈不忘告诉鸿基："相信妈妈的能力，只要有妈妈在，你这一生都会顺顺利利。不过儿子，现在万事俱备，只欠东风。你得好好努力，做出一点成绩来，让我和你爸看着也欣慰。"

鸿基虽然满口答应，但是他知道，即使他没有任何成绩也没有关系，反正老妈什么都能帮自己摆平。

棒男孩教养妙招

Why：鸿基妈妈的人生价值观有些偏颇，这无可厚非，但她的自我价值感更偏得离谱，直接影响了孩子的自我价值感。在妈妈的帮助下，孩子可能会走到很高的地位，但是如果他不真心努力，那么即使地位再高，也会跌下来，地位越高，跌得就越重。

How：1. **妈妈也应该有所作为**。鸿基妈妈看似是一个很忙碌的人，拉关系在事业发展中的作用也的确不可小视，但教育孩子却万万不可用。

2. **不要把错误的价值观灌输给孩子。**孩子必须有一个寻找自我价值的过程，只有经历这个过程，他才能成熟。所以妈妈不要把错误的价值观灌输给孩子。

妈妈生活没有情趣，孩子就会变得更无聊

小艺家的生活水平不高不低，她和老公的身份地位也不高不低，小艺儿子团团的成绩也是不高不低。这“不高不低”四个字就定义了小艺一家的全部。可以说，就连平时的情绪，小艺也是不高不低的。

做饭时爸爸和团团问小艺吃什么，小艺想了很久才说：“我也不知道，唉，一吃饭就发愁，该吃啥啊？”

收拾房间时，小艺每次看到家具都觉得不顺眼，总是想重新摆弄一番。可是开工不到半小时，就垂头丧气，喊团团爸爸过来帮忙，喊团团过来打下手，让两个男人不得安宁。

看电视的时候小艺频频换台，父子俩什么都看不成，纷纷反抗。小艺说：“现在的人真无聊，竟编些无聊的电视剧，看着有啥意思，浪费时间。”团团爸爸说：“你要是觉得无聊，去看会儿书，我俩喜欢看无聊电视。”

小艺不高兴了，说：“你们两个臭男人就知道挤兑女人，好没劲。这个世界也不知道为啥这么无聊。你们俩说，人活着到底有什么意义？”团团说：“当然有意义，毛泽东说‘生得伟大’！”小艺懒懒地说：“毛泽东还说过‘死得光荣’。难不成我们都去死？”小艺说完，冲着儿子一翻白眼，假意躺倒。

周末，小艺在阳台上晒太阳。阳光透过纱窗，调皮地在小艺身上跳动着，让她觉得很舒服。

她忽然想起什么，“哎呀”大叫一声。正在看电视的父子俩都被她吓了一跳。但是团团只微微转了转脑袋，又回到电视上去了。团团爸爸问她：“怎么了？”小艺说：“咱们到公园里玩吧，我这还有两张船票呢，咱们去划船怎么样？”一听划船，团团高兴了，马上说：“走走走。”

可是小艺又说：“划船也没意思啊。”

团团赶紧给妈妈打气："走吧，走吧，妈，您不是喜欢照相吗？我给您照相！"小艺这才勉强同意，可团团刚和小艺沟通好，爸爸又说他不去。团团很扫兴，又过来劝爸爸："爸爸，您要不去就没意思了。走吧，看今天的天气多好啊。"

爸爸虽然不像妈妈那样固执，但他想在家里看电视。因此，团团狠下了一番功夫，才让爸爸回心转意。

大家都收拾好，准备出发的时候，小艺忽然想起来："哎呀，我放在裁缝店里的衣服该拿了，我要去拿衣服了。"

团团爸爸一听，正合心意，他说："那你去拿衣服吧，我看电视。团团，你也该做作业了。"团团大声嚷道："你们这两个骗子，我绝不会为你们做作业的，我不做作业！"

棒男孩教养妙招

Why：从头到尾，小艺都是懒洋洋的。如果是周末放松倒也罢了，可是平时都这样就麻烦了。这会让孩子也学会散漫对待生活。另外，小艺的生活毫无计划，对孩子来说也不好。

How：1. **找点自己喜欢的事情做。**一个女人，没有自己喜欢做的事情是非常可怕的。时光消耗殆尽后，你只会剩下一副空壳。

2. **不要在孩子面前说消极的话。**偶尔一两句对孩子可能不会有什么影响，但是说多了很容易影响他的心态，对孩子不好。

好妈妈教养手记

不充实的另一种表达，叫“闲”。闲得太多，也是一种压力。因为它会压着你去生事，不生事也会生非。女人不能闲，哪怕你没事化化妆保养一下，都比闲着强。特别在孩子面前，悠闲无聊的妈妈就是一个坏榜样，很容易让孩子变得消极、懒散，不去规划自己的人生，更不懂得提升自我价值。

制造快乐，就是给孩子和自己减压

妈妈：不管怎样，我们都得快乐面对生活!

儿子：看到妈妈总是笑呵呵的，我就感觉很舒服，不会有紧张感。

解答：妈妈愁眉苦脸，孩子就会感觉沉甸甸。妈妈的快乐，就是孩子生活里最好的一抹颜色。

我们都知道，为孩子营造一个良好的生活环境非常重要。因此，很多妈妈忙碌一生，想为孩子创造良好的物质条件，让他进入富贵阶层。其实为孩子营造一个什么样的物质环境并不那么重要，重要的是为孩子营造怎样的精神环境。

妈妈和孩子相处的时间最多，妈妈的一举一动、一言一行都会影响孩子。为了让孩子有良好的心态、精神状态，作为妈妈，首先得有良好的心态、精神状态，良好的心态和精神状态，都离不开快乐。

你在大街上走一圈，留意一下带孩子的女人，如果她满面春风、面带微笑，她的孩子肯定健康快乐。如果她愁容紧锁、满面憔悴，孩子也会精神紧张、闷闷不乐。

在柴米油盐、凡尘琐事中更要学会微笑

结婚前彩儿是一个特别快乐的女孩，整天无忧无虑的。虽然彩儿并不漂亮，

可有很多男孩都喜欢她这种个性，阿居就是其中之一。经过一百零一次求婚，阿居终于抱得美人归，两人踏上了幸福的婚姻殿堂。

第二年彩儿就生下一个男孩，取名小年。一家三口虽没有享不尽的荣华富贵，也算是其乐融融、幸福无边，可彩儿的性情却大变。

首先是失去自由让彩儿苦恼。原来工作再怎么疲劳，却可以四处游走，赏山玩水。可现在唯一能赏的，就是父子俩的臭衣烂衫，唯一能游的，也是父子俩在书房卧室布下的杂物乱局。

其次是彩儿根本就没有时间化妆。彩儿容貌一般，她心知肚明。在众多的追求者中，阿居并不是佼佼者，但阿居最不在乎容貌，所以彩儿才嫁给了他。

可是结婚后彩儿才发现，原来凡是男人都在乎妻子的容貌。只不过有的有能力在乎，有的没有能力在乎，阿居就属于那种能力低，不敢在乎容颜的。

一发现阿居的心思，彩儿就慌了，生怕他哪一天不高兴把自己给休了。有此忧虑后，彩儿对阿居的态度也变了，偶尔奉承抬举，偶尔又尖酸刻薄。因为觉得恐惧才奉承，又因为觉得委屈而刻薄。

最后就是小年了。小年是个特别淘气的孩子，照顾小年是一个特别让人泄气的差事。在事业上多么难的工作，彩儿都没有皱过眉头，可是在照顾小年这件事上，一些简单的事情却常常让她欲哭无泪。

由于这些精神忧虑和负担，彩儿添了坏毛病，经常发脾气。开始是对阿居发脾气，一不高兴就不给阿居做饭。

最让彩儿生气的是，阿居在事业上没有起色。她不高兴就唠叨："那些不如我的同学朋友，人家老公最低也是……"

阿居要是在事业上有所成就，彩儿还是会不高兴。她讽刺说："男人有钱就变坏。你现在有条件了，会不会变坏啊？"

小年慢慢长大，彩儿却已经不能回到原来的工作岗位上了，只能在家全职照顾小年。可是小年却越来越不喜欢这个妈妈，因为小年做得对她唠叨，小年做得不对她还是唠叨。

棒男孩教养妙招

Why：彩儿之所以会如此，是因为她还没有从自己事业的成功和享受中走出来。家庭生活和事业不同，需要的不是冲劲，而是耐力。作为女人，要能耐住生活的打磨，要学会接受柴米油盐酱醋茶的洗礼。

How：1. **不管你嫁给谁，创造快乐都是自己的事。**很多女人总是对丈夫唠叨："我就是嫁给你才不幸福的。"实际上，幸福永远是自己创造的，不是别人给予的。

2. **嫁人不疑，疑人不嫁。**结婚前擦亮双眼，结婚后得睁一眼闭一眼。

3. **生活琐事里也有快乐。**快乐很少会自己找上门来，你得自己出去寻找它。

生活不顺更需要快乐

雄雄家最近财务出了点问题，爸爸被裁员了。尽管他很快就找到了一份新的工作，但挑战大、风险大。开始半年爸爸的收入微乎其微。家庭的重担一下子都压在了妈妈身上。

一向悠闲自得的妈妈突然体会到了什么是人仰马翻，什么叫喘不过气来。为了多点收入，她只能不停加班。但她又不能一整天不检查雄雄的学习，因此回家后不管多晚，她都要翻翻雄雄的作业本。

在这样的重压下，雄雄妈妈变得越来越郁闷，常常忍不住对丈夫唠叨："人家都是人到中年显贵，你是人到中年落魄。"

她也忍不住对孩子唠叨："瞧瞧你爸爸，没出息，只能被裁员。你要记住，这个社会永远都这么残酷，你必须随时做好被裁员的准备。所以，从现在开始就给我铆足劲，努力，努力，再努力。"

半年后雄雄爸爸有一个晋升的机会。那段时间雄雄妈妈忍气吞声，全力支持丈夫。可谁知半路杀出个程咬金，公司老总的弟弟从国外回来了，取代了雄雄爸爸的位置，别说飞黄腾达了，现在他们连基本的衣食住行都成了问题。

这下子雄雄妈妈再也忍不住了，"持续阴雨天"开始了，雄雄和爸爸在家里做事需要特别小心才行，因为不知道哪句话或者哪件事，就会引发雄雄妈妈的雷霆震怒。

爸爸受不了，经常要躲到朋友家喝酒。就连雄雄也有了新的规划：妈不在，我在；我不在，妈在。

一天上午，雄雄妈妈刚到单位就接到老师的电话。老师说雄雄今天没有上学也没有请假，不知道是怎么回事？雄雄妈妈纳闷道："不可能吧，我把他送到学校才来上的班啊，他怎么可能没有去学校呢？"

老师一听问题大了，赶紧问："您是看着孩子进的校门吗？"

"那倒没有。"雄雄妈妈一说完就想到，雄雄可能是逃课了。她赶紧给雄雄爸爸打电话，可是他一直关机，雄雄妈妈的火气更大了，只好请假去学校。

雄雄的同学都说今天没有看见雄雄。妈妈急了，赶紧跑回家去。一打开门，一股泡面味扑鼻而来。妈妈跑进厨房一看，只见两个大男人正坐在厨房的桌子旁狼吞虎咽。两人大概是饿极了，吃得"风声水声面条声，声声悦耳"，连雄雄妈妈进门的声音都没有听见。

雄雄妈妈气坏了，大喝一声："你们到底在干嘛？雄雄怎么不去上学？在家里吃方便面？"

父子俩吓得赶紧站起来。雄雄哆哆嗦嗦地说："妈妈，我爸最近心情不好，饭也没好好吃过，我担心他，特意跑回来陪他。"原来雄雄妈妈嫌丈夫太没出息，让他极度郁闷。儿子见爸爸日渐消瘦，特意回来陪爸爸。

棒男孩教养妙招

Why：妈妈的这种愤怒和焦虑，很容易让家庭分裂，让男孩恐惧。其实家庭不顺，老公不争气，都是寻常事。只要你愿意，每天都有快乐的理由。

How：1. **名利并不是生活中最重要的东西。**当下很多人都活在名利之中，忘了自我，忘了生活的本质。其实名利皆是身外之物，什么都不如当下重要。

2. **不要太看重外物。**任何外物，生不带来，死不带去。任何外物，都是累赘。太看重外物的人，会不珍惜已经拥有的快乐。

好妈妈教养手记

很多人说：活着就得现实点，你不争名，人家瞧不起你；你不逐利，将来孩子看不起你。这就是现状，大家都如此，清高不得。正是在这样的社会环境下，我们的妈妈们才会活得很累，经常为一些事情着急上火。但其实你想，争是为了快乐，逐也是为了快乐。如果你因为争、逐失去了原有的快乐，那又何必呢？

定期给自己的“心灵”放个假

妈妈：从现在起到明天的这个时候，我决定什么也不想，什么也不做。

儿子：那我岂不是自由了？不过，妈妈，您放心，我不会放纵自己的。

解答：妈妈肩负很多责任，但更需要找时间“休假”，不要因为害怕孩子放纵自己，就不敢放松。

有一个词叫“劳逸结合”，就是说，工作一会就要休息一会。这是保养之道、生存之道，也是进步之道。作为妈妈，我们本来就身兼数职，如果再持续紧绷着神经，那么不但工作做不好，家庭生活一团糟，在教育上也会屡屡犯错。我们需要定期给自己放个假，不用找任何理由，只需留给自己一定的时间，让自己轻松地享受一下生活。

如果没有时间出去旅游，你可以什么都不想，什么都不做，只要沐浴在阳光下，品一壶清茶，听一首老歌，看一本好书，或者打打盹。没有人拿着鞭子在后面追赶，你没有必要让自己疲于奔命。

每个人都有放松的理由，也有放松的能力

小涵的妈妈是一个普通的工人，由于一直自惭形秽，所以她对小涵的要求特别高。她总是对小涵说：“妈妈这一辈子已经吃尽了人的白眼，知道其中的滋

味。我发誓，一定让你做人上人。我那时候考大学就差一分，要是你姥姥能帮我，我还能去上大学，可是家里穷，我只好辍学。我这一辈子不吃不喝也得让你考上大学，还得上好大学。”

妈妈还真是说到做到。在小涵刚上小学的时候，她不惜颜面去一位富有的同学家做保姆，因为人家能多给一些钱，还允许她照顾小涵。小涵也的确争气，一进入小学就是全班头几名，老师特别喜欢他，经常夸赞他。这让小涵妈妈特别欣慰，也更让她坚定了自己为孩子付出的决心。

既然小涵的成绩不用担心，小涵妈妈又去超市应聘收银员，很快她就获得了这个工作机会。这两份工作虽然时间上没有交叉，但是干起来却都挺累人。

有时候，小涵妈妈在超市里站好几个小时，已经撑不住了，可是接下来还得去同学家收拾房间。

小涵和爸爸看着妈妈这么拼命都有些不忍，就劝她放弃一份工作。爸爸还说宁肯自己加班，也不让妈妈加班。但妈妈坚决不同意，她的理由很多，什么“爸爸是顶梁柱，不能出一点差错”，什么“我工作不累，就是时间长点”等，最后她还是选择了坚持。

可是她的意志能坚持，身体却无法坚持。本来她累一点就吃不下饭，现在工作如此繁重，经常一回到家躺下就昏睡过去。

营养补给不上，她的精神变得特别萎靡。一向好脾气的她，也烦躁起来，虽然有气无力，但有时还是想发脾气。

小涵和爸爸看她如此，就强制她把那份保姆的工作辞了。

第一天妈妈下班后感觉百无聊赖，在自己的房间里走来走去。小涵放学回家后，她就一直站在小涵身后，一会儿看看这，一会儿看看那。

小涵笑着问她：“您是不是闲不住啊？”

小涵妈妈也笑了，说：“我这人就是苦命，不干活还真有点受不了。”

“行了吧，您可别这么想了。您要这么想，身体健康比什么都重要，就为了赚几个钱，再把自己累病了，还得打针吃药住院，不是不值得吗？何苦呢？”

“这些道理我都懂，可是你说我闲下来干什么啊？”

“妈妈，过两天就好了。”

棒男孩教养妙招

Why：一直紧绷着神经的女性，一旦放松下来会无所适从，别说给心灵放个假，就是给身体放个假也不能。这时候，就得强迫自己，就像小涵说的“过两天就适应了”。

How：1. 不妨坐下看看搞笑的娱乐节目。看看别人的喜怒哀乐，你会更容易放松。

2. 躺下睡觉。对于小涵的妈妈来说，睡觉可能是比较好的放松方式。其他妈妈也可以根据自己的情况而定，哪怕是坐在阳光下数豆子、摘豆角也好。

彻彻底底给自己放个假

小时得了轻微的抑郁症，医生给她治疗时一再嘱咐凡事看淡点，学会把所有的东西都放下。

放下虽难，但是在医生的指导下总算有所成效，鸡毛蒜皮的小事，小时暂时学会了不计较。可有一件事小时就是放不下，那就是儿子铮铮。铮铮左手残疾，虽然在小时的精心照料下，现在也能活动了，可是小时还是不放心。只要铮铮不在身边，她就开始不安，生怕铮铮遇到什么危险。

其实铮铮已经十岁了，上小学四年级，无论是生活还是学习，都把自己照顾得很好，这得益于小时的精心教育。

在教育铮铮的过程中，小时是很懂得放手的，比如穿衣服，铮铮很小的时候，小时就让他自己穿；又比如铮铮上学后练跳绳，他央求妈妈跟老师请假不去，但妈妈坚决不同意，一定要让他去。按理说小时应该是一位能放得下的妈妈，实际不然，尽管她坚持让铮铮自己做，可是每次铮铮做的时候，她都必须待在铮铮身边，不然就不放心。

现在，小时得了抑郁症，医生让他彻底不管铮铮，全身心地放松。小时说：“铮铮在学校的时候行，他一回家我就不可能不照看他。”

医生没有办法，就请小时的丈夫帮忙，让他劝说她。丈夫想了个办法让她练习放松。他的办法就是禁止小时参与任何事务。

周末，铮铮爸爸宣布：从上午八点到十点，不管家里发生了什么事情，小时都不能哭、不能笑、不能参与、不能批评，只能眼睁睁看着，就像一个痴呆者一样。

这很难。爸爸刚宣布完，铮铮正拿着水去浇花。小时忽然喊道："那个水盆脏，有肥皂沫……"

铮铮爸爸马上打断小时的话，告诉她进入她应该进入的状态。小时这才意识到，他们只能重新计时。

但重新计时并不代表小时记得自己是"痴呆者"，即使父子俩完全不出现在她的面前，她还是会发现家里有这样那样的不妥。结果放松计划总是半途而废。上午十二点钟，小时还是没有进入状态，她坚持最长的"痴呆"状态也就是二十分钟。

棒男孩教养妙招

Why：让一个神经一直紧绷的人忽然放松，是一件很难的事。因为她的大脑已经习惯了原来忙碌的状态，不可能一下子放松。不过什么难事都逃不过"循序渐进"四个字，只要有具体方法，再难也不怕。

How：1. 学着不说话，不做事，做白痴。铮铮爸爸的这个方法很好，适合不会放松的女性。有时候你能忍住不说，忍住不做就已经成功了一半。

2. 还要学会不想。这个很难。不说不做时，你的脑子仍然会不停地在想。你着急，担心后果不好；你忧虑，害怕贻误时机，但你要克制自己不去想。

好妈妈教养手记

人有时候就是这样奇怪，让一直懒散的人一下子紧张起来，他会受不了，而让一直处于紧绷状态的人放松下来，他同样会受不了。人懒散易出事，人紧张易生病。我们既不能太懒散，也不能太放松。该紧张的时候，一定要紧张起来，而该放松的时候要放松下来。作为妈妈，如果我们能把紧张和放松两种状态把握得游刃有余，那么就能给孩子营造良好的精神环境了。

带上孩子，带上老公，去大自然走走

妈妈：儿子，今天天气这么好，咱们出去玩玩吧？

儿子：太好了，我这段时间正想着怎么放松一下呢。

解答：一家人去大自然里走走，既能缓解压力，同时还能融洽关系。

钢筋水泥把我们禁锢在一个个火柴盒里，我们自己却乐此不疲。我们从家这个火柴盒，走进单位这个火柴盒，而孩子则从家这个火柴盒，走进学校这个火柴盒。如果需要购物，我们会走进人数稍多点的超市、商场这些火柴盒里。

在这些火柴盒里活着，不但思维被禁锢，身体状况也日趋下降。女人其实很有办法，我们不是到楼下去散散步，就是找几个姐妹一起去逛街。

但城市本身就是一个大火柴盒。如果你想走出去，不如走进大自然里去。

爬山、逛公园，既可以锻炼身体，又能陶冶性情

朋友几次约欣欣出去玩，都被她拒绝了。她周末也不能放松，因为儿子楠楠还有两个课外班。周六上午是英语，周日下午是动漫。楠楠不上课的时候，欣欣还得帮助楠楠复习功课。所以，让她出去玩，就意味着让欣欣放弃管教儿子，她肯定做不到。

欣欣的妹妹敏敏对姐姐这样的生活态度非常不赞成。她经常劝说姐姐 ：“你不能天天闷在家里，对你和孩子都不好。”

敏敏也有一个儿子，他们一家三口经常出去玩，而敏敏儿子的表现并不比楠楠差。这让欣欣动心了，她决定效仿妹妹，一家三口也出去玩玩。

一想到出去玩，欣欣发现自己居然很兴奋。她感慨地说 ：“我都有将近十年没有爬山，有好几年没有去公园了，就连别人下楼散步，在我这里都省了。”

欣欣越想越觉得自己活得太委屈了。她想 ：不行，我不能就这样让人生最美的时光终结在忙碌之中。

欣欣很快就计划好，周末去市郊爬山。

欣欣的丈夫听到她的计划，很是不解，问道 ：“你今天是怎么了？我以前怎么邀请你出去玩，你都不去，说家里事情太多耽搁不得。今天心血来潮啦？”

欣欣说 ：“我以前太不懂生活啦，现在我懂啦，还好不晚，我还能让儿子也懂生活。”

丈夫很兴奋，马上从储备室里取出帐篷，说要在山上过夜。欣欣犹豫了，楠楠听到了，欢呼雀跃地表示欢迎。

欣欣赶紧制止，他不想楠楠耽误两天的课外班。楠楠一听噘嘴抗议 ：“既然玩，为什么不能玩得痛快一点呢？”丈夫也极力劝说，最后欣欣一咬牙，点头应允了。

天遂人愿，周末阳光明媚、和风徐徐。一家人坐着车很快来到山脚。楠楠和爸爸提议走小路，欣欣坚决不同意，小路树林密布、陡峭、有滑沙。可是父子俩已经迈开腿走了。

欣欣没有办法，只得在后面紧紧跟随。没过多久，欣欣就汗流浃背、气喘吁吁了。她喊父子俩停下等等她，可是楠楠已经没影了。欣欣只好让爸爸去追赶楠楠。

欣欣出了密林上了大路。她想，既然追不上，不如慢慢来，反正时间有的是。她坐在大路旁的石头上，阳光晒在她的脊背上，她感觉舒适极了。大路没有密林的遮挡，可以看到很远的地方。欣欣极目远眺，看到山下一排排楼房密密麻麻堆积在一起，似乎阳光都渗透不进去。她不禁叹道 ：“出来真好。”

棒男孩教养妙招

Why：社会越进步，科技越发达，人类亲近自然的机会却越少，从自然界吸取能量的机会也越少。其实不管世界怎么变，自然总是会保留清新美丽，总是会让人从中获得正能量。所以，如果有机会，一定要走进自然，亲近自然，清空你的心灵垃圾，补充一些正能量。

How：1. 不必匆忙。出去玩又不是上厕所，用不着来也匆匆，去也匆匆。

2. 慢慢加大活动量。一下子给自己很大的活动量，你的身体会吃不消。

去农村享受一下淳朴的风情

小点点不喜欢过春节，因为每年春节他都得跟着爸爸妈妈回农村老家。老家又冷又落后，没有电脑，没有 iPad，爸爸妈妈又不允许他带这两样东西，他就只能看电视了。

小点点的妈妈也不喜欢回农村老家，那里全是土路，一下雪就到处都是泥。小点点要是出去跟小朋友玩，还会弄得浑身是泥，洗都没法洗，因为天气太冷，家里又没有洗衣机。

可是小点点的爸爸却每年坚持要回家。他说他就是舍不得童年那些小伙伴。一回到家，他就一个人这个村那个村地瞎跑，和人玩牌、唠嗑、喝酒。

因为交通不便利，也没什么娱乐，小点点和妈妈每年都压缩在乡下的时间，最多就待三天。

可是这一年，两人无论如何压缩不了了，因为小点点的叔叔腊月二十八结婚，而小点点的姑姑正月十二结婚。一家人很早就回到了农村。家里比往年更热闹，村落里的亲戚朋友都赶来了，小孩子来得也特别多。

让小点点高兴的是，这些孩子们手里的玩具和城里的玩具大不相同。有的是家长自己做的，有的是大孩子给小孩子做的，有的是村里的铁匠焊制的。这些玩具大多看起来粗糙，但是玩起来绝不比商场里的差。

小点点的妈妈也没闲着，她赫然发现，农村居然有这么多能人。有的女人会自己织布、绣花，有的女人会盘扣，有的女人还会做很有古代气息的服装。

当然，小点点的妈妈也见识到了很多有能力的男人，有的会吹拉弹唱，有的会跳奇怪又难学的舞蹈。

特别有意思的是，小点点和妈妈认识了一个巫婆。叫她“大仙”，她不用烧香不用磕头，只掐指一算，就能知道好多个人秘密。

小点点把爸爸的砚台藏在了自己的床底下，那个“大仙”居然算出来了。小点点大吃一惊，点点妈妈也目瞪口呆。

结婚当天就更热闹了。点点妈妈当初和点点爸爸结婚的时候，很讨厌农村的土仪式，因此他们在城里举办的婚礼。可这次点点妈妈参加了别人的“土仪式”，却发现真正土的是自己。仪式并不复杂,但是每一步都渗透着中国最传统的文化。

这一个年过完，要回家上班上学了，小点点和妈妈居然有些恋恋不舍。

棒男孩教养妙招

Why：尽管当前农村也被“先进文化”侵占了，但仍有一部分保持着最原始的面貌。只有忍得了农村的土，受得了农村的寒，你才会发现农村的美丽。其实农村的交通不便，对城里人来说也是好事，因为可以多锻炼，让人体魄更健壮。而没有娱乐设施，人们的交流会更多。

How：1. 学会辩证看问题。没有电脑，人们可以多一些交流时间，孩子的视力也可以更好地得到保护。

2. 在农村你会特别放松。神经绷得再紧，一走进农村，你也很容易放松。

好妈妈教养手记

大自然不光有美丽的风景，还有神妙的灵丹。不管你有什么样的不良情绪，不管你有多大的精神压力，只要走进自然，听听鸟语花香，看看山高水长，你的心情马上就会愉悦起来。而且经常在自然界走动，不但可以呼吸新鲜空气，还可以锻炼身体，实在是一举两得！

第 8 章

妈妈不说，男孩也会听

只要你找，总有方法让男孩听你的

妈妈不用多说，爱搞破坏的小柏居然主动洗净小手，安静看书？

不爱刷牙又酷爱吃糖的小远，为什么突然变得酷爱刷牙不爱吃糖了？

吃饭、看书、看电视，孩子都能学英语？还乐此不疲、如痴如醉？

把话说到孩子的心坎里

妈妈：我总是让你听我的，可是我发现那会使你离我越来越远，这是一种舍本逐末的做法，我想以后应该花更多的时间来了解你。

儿子：妈妈，您真是我的好妈妈，我其实很需要理解。

解答：成长总是很孤独的，在各种无法解决的问题前，孩子会迷茫、不知所措。他需要坚定的支持，需要信任和理解。

孩子小的时候，妈妈最常说的一句话就是："乖儿子，你要听话。"我们一直觉得这样说理所当然。可是孩子听话就好吗？在你认为成功的人物中，有哪个人是靠听话成功的？当然，我不是说不听话的孩子，长大了就一定出类拔萃，我是说孩子听话与否，与他未来的成就没有多大关系。

大多数妈妈之所以让孩子听话，只是觉得孩子听话了，教育会很省事。没有战火硝烟，人的警戒心理就会慢慢减弱。但事实证明，很多孩子阳奉阴违，表面上很听话，背地里却和妈妈的教育背道而驰。退一步说，假如我们的话是对的，想让孩子听话，不仅要把这话灌进孩子的耳朵里，还要灌进孩子的心里，让他心悦诚服地接受。

理解男孩之后再说话

小柏从妈妈那里借了一本书来看，这是妈妈从同事那里借来的。小柏看的时候，妈妈千叮咛万嘱咐："一定要好好保护，不能弄破、不能弄脏、不能折页、不能……"小柏也千答万应："好的、好的、好的、好的、好的……"

可是第二天，妈妈就发现书腰被小柏扔在了沙发下面，而且已经踩脏了撕烂了。妈妈生气了，立刻喊他过来。他听妈妈的声音有异样，匆忙跑过来，手里还拿着那本书。看到小柏把书抱在胸前，妈妈就知道，小柏很喜欢这本书。她很欣慰，但她还是想教训一下小柏。

妈妈指着地上的书腰让小柏看。小柏一吐舌头，赶紧把书腰捡起来，胡乱往书里插，可一不小心扯到撕碎的地方，一下子把书腰扯断了。妈妈急得"哎呀"一声，小柏连连说："对不起，对不起。"那表情满是愧疚，让妈妈没法再批评他了。

妈妈问道："你看了多少了？"

小柏赶紧把书页打开，说："您看，我都看一半了，快看完了。您看，我保护得挺好的。"书页上有一个明显的手指印，肯定是小柏的。妈妈盯着那个手指印看，小柏顺着妈妈目光看去，也看到了那个手指印，于是赶紧把书合上。妈妈说："你想掩盖证据？算了，这书我不借了。我已经不相信你了。你把书腰撕了，还把手指印印得到处都是，我没法和同事交代。"

小柏赶紧央求道："妈妈，妈妈，我看到一半，您怎么能收回呢？那我多痛苦啊？"

"我看的时候都好好的，你怎么一下就把它破坏了呢？书也会痛苦，你可知道吗？"

小柏把书工工整整地放在沙发上，然后跑开了。妈妈不吭声看着他。她知道他肯定还会再回来争取。果然，小柏是跑去卫生间洗手。他迅速洗完手回来，让妈妈看自己的小手，然后说："我再次保证，我只在书桌上看，看前洗手，行吗？"

妈妈点点头，小柏高兴极了，抱着书跑了。看着他的背影，妈妈露出了微笑。她想：小柏肯定不会再弄坏这本书了，如果偶有失手，我也愿意替他负责。

棒男孩教养妙招

Why：男孩都很马虎，但是在这件事中，马虎和他爱书的心是没法比的。妈妈虽然很担心书被破坏，但是她更喜欢看到小柏爱书的样子。小柏目前爱的是书的内容，不过在妈妈的引导下，他会学会爱书的全部，包括外形。

How：1. **做任何事情，你都要看到孩子的正向心。**孩子的破坏力可能很大，但建设力同样很大，后者的程度可能大于前者。所以我们要更多地看到孩子的正向心。

2. **在保护孩子正向心的基础上指导孩子。**这时候尽量少批评，点到为止即可。

男孩的事，让他自己做

大国有个坏毛病，就是做事没有计划性。就说书包吧，每天晚上做作业的时候，他会把所有的书和本子都倒出来，铺得满桌子都是，桌子放不下掉到地上，他也不知道捡。如果做作业的过程中，需要用到其他工具，他还会把自己的三个工具箱都翻出来，摊在地上。

有时候妈妈做完饭过来叫大国吃饭，看见满地都是纸笔、学习工具，像摆摊贩卖一样。妈妈是一个爱干净的人，看到这种场面就忍不住说："大国，你就不能把这些东西收拾好吗？需要什么就拿什么，拿完之后放回去。"

大国还在做作业，妈妈的话他置若罔闻。妈妈没有办法，只好过来帮助大国收拾。大国看到妈妈进来，赶紧伸手做个拦阻的姿势，喊道："不许动，我还要找东西。"

妈妈说："你找啥？我帮你找。"

"不用你找，我自己找。"

"我真看不惯你这副邋遢样，虽然是男孩，也不能这么乱七八糟的……"

"行了，妈，您烦不烦啊，没见我在做作业吗？行了，您先出去吧，我自己的事情我自己看着办。"

"你自己的事情？也是，这的确是你自己的事情。你看，作业要是做不好，老师肯定会批评你，不会批评我。工具箱不好好收拾，你下次再找东西，就找不着……"

“好了。”大国有点不耐烦。

“好吧，我就说一句，以后我绝对不帮你收拾房间了。”

“行行行，您出去吧。”

大国妈妈出来了，嘟囔了一句：“翅膀还没硬，就嫌我 唆了，我绝对不会再管你了。”其实这话，大国妈妈早就说过，还当着大国的面说的，可是每次说完她还是接着帮大国做事。大国妈妈现在意识到这一点了，她下定决心不管了。

第二天早晨大国上学后，妈妈去他房间看了看，那三个工具箱还摆在地上。她装作看不见，又关上了门。晚上大国回来后，妈妈特意观察他。工具箱就在他脚底下，他迈步跨过去，就是不收拾。妈妈叹了口气说：“你自己的事啊！”大国这才意识到赶紧把书包放下收拾工具箱。

做了一会儿作业后，大国喊道：“妈妈，我没有红笔了。”

妈妈说：“这是你自己的事情。第一，我以前给你买过一盒，放在工具箱里。第二，我给你准备了工具预备金，所以不要来找我。”

“那我去买红笔了？”

“我不管，反正这是你自己的事情，你自己决定是花钱还是花力气找笔。”

大国有些无奈，挠了挠脑袋说：“还是找吧，我现在做作业需要，要是出去买，会耽误很长时间。”妈妈笑了，关上门走了。

棒男孩教养妙招

Why：如果你读不懂男孩怎么办？把你所关心的男孩的事情，变成他自己的事情，那么你就不用费尽心机去说服他了。要想把事情做好，他必须按照一条正确的轨迹走，而那条轨迹正是你希望孩子走的。

How：1. **不用跟在男孩后面帮助他，让他自己做主。**其实大多数事情，妈妈都可以推给孩子自己做，并且让他在一定范围内自己做主。

2. **孩子央求妈妈的时候，借此机会让他自己思考。**你应该忍住，可以稍微给点提示，但绝不要帮助他。

好妈妈教养手记

男孩的当下比他的未来更重要。作为妈妈，只有读懂男孩的心，把话说到男孩的心坎里去，才能够营造男孩成功的未来。因此，在教育男孩之前，要先理解男孩，理解他的所思所想后再说话，那么我们的话就容易被孩子听进去。如果我们无法深入孩子的心灵，不妨放手让孩子自己去做，让他心随己动。如果平时注意保护孩子的正向心的话，孩子的“心”会给你一个满意的答案。

以身作则的陪伴比说教更重要

妈妈：要是那样做不好，我肯定不要求你那样做。

儿子：我看到您那样做，我也那样做了，才知道这样真的很好。

解答：男孩最主要的学习方式就是模仿，如果你希望男孩优秀，自己也要优秀。

著名的故事大王郑渊洁曾经说过："请家长闭上嘴迈开腿，自己做出一个典范，给孩子一个样看。"的确，最好的教育，莫过于给孩子做出典范。一个好的榜样胜过千百句唠叨。

如果你自己都做不好，而且有自暴自弃的倾向，却偏偏要求儿子优秀，孩子会瞧不起你，也难以严格要求自己。他可能会跟你一样自暴自弃，并用各种事实证明他没有能力做好你要求他做的事。

先严格要求自己，再严格要求孩子

森森被电视、电脑和 iPad 等数码产品迷住了。一天不看视频，他就浑身难受，还会朝妈妈发脾气。他的视力下降得非常快，眼科医生建议：先做一个月的保养和治疗，如果不行，就要戴眼镜了。

根据医生的建议，森森不可以看任何视频，看书也要保持端正的姿势，这下可苦了森森。

第一天他被关进卧室，连数码产品的面都见不到。他百无聊赖，在房间里大哭大闹。

妈妈心疼森森，就过来陪他，给他讲故事。森森觉得妈妈的故事不够好听，声音平淡，也没有画面感，很快就烦了。

一计不成，又生一计。妈妈提议去公园里转转。森森还是觉得没有意思，耍赖不去。他依然存有侥幸心理，央求妈妈让他看一小会儿电视。他还伸出右手，掌心向前要发誓。妈妈坚决不同意，森森一气之下，跑到床上，盖着被子睡觉去了。妈妈见劝不动森森，只好做自己的事去了。可是她现在也没有什么事情可做，因此她平时消磨时间的方式，也是看电视、玩电脑。就是因为她也喜欢，森森才会如此痴迷电视、电脑。

妈妈知道，如果自己开了电视，一旦被森森看见就麻烦了。但她在客厅里转了好几圈，脑子里始终绕不开昨晚的电视剧。后来，妈妈回到自己的房间，把门悄悄插上，然后打开电脑。刚打开电脑，就听森森敲门，妈妈连忙把电脑合上，问道：“你现在想去公园吗？”森森说道：“我听见您插门了，我知道您肯定在屋里玩电脑，为啥我就不能看？”

妈妈一听，赶紧把电脑关掉去开门，让森森进来，说：“你看看，你看看，我打开电脑了吗？”

“肯定是又关上了，您刚刚肯定在看，我知道。”森森噘着嘴生气。他坐在电脑桌旁，伸手想要打开笔记本，妈妈赶紧过来制止他。

“你不让我看，我也不让你看。”森森说。

“我就没想看，咱们去公园吧。”

“那我什么时候能看啊？”森森不耐烦地问。

“等眼睛好了才能看。”

“那在我眼睛好之前，你也不能看。”

“我为啥不能看呢？我现在的视力比你好，我才不需要控制玩电脑、看电视的时间。”

“那不行，你就是不能看，不然我也看。”森森开始耍赖。

妈妈狠了狠心，说："那好吧，我陪着你。"

棒男孩教养妙招

Why：虽然妈妈不需要戒电脑、电视，但是如果她看，森森肯定受不了诱惑。这时候妈妈必须做出表率，如果她能忍，才有可能说服孩子忍。

How：1. **孩子提出"你不怎么样，我就不怎么样"时，大多数情况下，你都得满足他的要求，因为他要看你做表率。**当然，你也要考虑合理性，如果孩子常用这招，你就要小心了，以免他学会威胁人。

2. **和孩子一起忍受诱惑。**对于小男孩来说，诱惑是很难抵御的，特别是已经成为习惯的诱惑，就更难抵御。这时候，妈妈需要和孩子一起抵御诱惑。

3. **转移视线，换个环境，做些别的事情。**这一点我们后面会专门讲解。

亲自参与，才知孩子面对怎样的难题

小马驹身体素质差，好几门体育成绩都不达标。妈妈只好决定，每天早晨让他起来跑步。小马驹是一个很听话的孩子，也是一个很要强的孩子。第二天一早天还没亮，妈妈没喊他，他就自己起来了。打开门的时候，一股冷风钻进来，妈妈缩了缩脖子，但是小马驹却义无反顾地跑出去了。

儿子走后，妈妈就在厨房里准备早餐。妈妈的早餐还没有做好，小马驹就气喘吁吁地回来了，面孔涨得通红，汗水也顺着脸颊往下淌。

妈妈心疼地看着他，说："哎呀，我的宝贝儿子，快去用毛巾擦擦汗，歇一歇然后过来吃饭。"

小马驹捂着肚子说有点疼。妈妈看他捂着右肋，知道是岔气了，就轻轻在他背后捶了两下，然后让他在屋子里慢慢走几圈。

等到妈妈把早餐准备好时，小马驹已经洗漱完，作好吃饭的准备了。妈妈特别高兴，连连夸赞他做得好，可是小马驹嘟囔着说："我还没有跑完一圈。"

第二天，小马驹继续跑步。可没多久他就回来了，说又岔气了。妈妈为小马驹捶胸抚背，但这次妈妈有点怀疑小马驹偷懒。第三天、第四天、第五天，一连五天，小马驹天天岔气。妈妈生气了，质问道：“你是不想跑步吗？你自己不是想提升体育成绩吗？怎么就不能坚持呢？”

小马驹很难过，坚持说自己是真的岔气，不是故意偷懒。小马驹妈妈不再说什么，只是决定明天和小马驹一起跑步。

第六天，妈妈和小马驹一起跑步。她没有想到，刚跑出几百米，就感觉右肋生疼，也岔气了。她看了看小马驹，见他跑在前面，用手捂着右肋，显然在坚持。

妈妈喊小马驹回家。她知道，这不是小马驹不想做好，而是做好这件事的确很难。母子俩吃完早饭，妈妈送小马驹上了学，就给一位医生朋友打电话咨询。

朋友告诉她，如果没有提前做准备活动，跑得急了或者呼吸不正确，就很容易岔气。天气寒冷的时候，更容易岔气。如果形成习惯，一跑步就会岔气。

妈妈一听不禁叫道：原来跑步也有这么多学问啊。

第七天，妈妈带着小马驹下楼，先做了准备活动，然后练习呼吸方法，最后两人才开始慢跑。这一天，两人谁都没有岔气。

棒男孩教养妙招

Why：有些难题对于男孩来说无法解决，就需要妈妈的智慧。如果妈妈不重复孩子的遭遇，就很难理解孩子的困难所在。所以，当孩子始终无法绕过某个问题时，妈妈不妨亲自做一遍，引导他找到解决的方法。

How：1. **面对难题，如果男孩屡次解不开，妈妈再插手。**对于那些只要动动脑子就能解决的问题，妈妈还是不要插手为好。

2. **在解决难题之前，妈妈可以亲自体会一下。**只有经历了男孩经历的，妈妈才能理解他，也才能知道男孩的问题在哪儿。

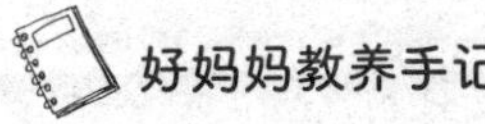

好妈妈教养手记

模仿是男孩的学习方式。在成长的过程中，他需要一个楷模。而妈妈是和男孩朝夕相处的人，妈妈的一言一行，对男孩的影响都颇为深远。要想男孩做好,妈妈首先自己要做好。对于孩子无法做好的事情，妈妈不应嫌孩子笨，指责他做不好。可以亲身体验一下难度，然后帮孩子找出应对的方法。一旦找到稍努点力就能做好的方法，孩子肯定愿意听从妈妈的。

多使用自然惩罚法

妈妈：你不听也可以，但是这话我先说在前头，不信你就等着瞧。

儿子：难怪妈妈当时那样说，我现在才明白了，真后悔啊。

解答：如果你的良言男孩不听，也没有关系，你不用惩罚他，自然结果会让他反省。

在安慰人的时候，我们常说："你的感受我懂。"实际上我们不懂，我们以为懂了，但没有经历和别人一样的遭遇时，我们就不可能懂。孩子在听从妈妈的教育时也是如此。他说"我知道了，我知道了"，实际上他未必真的知道了。

此时，我们不断重复、不断强调，对他意义并不大，根本就不会让他警醒，只能让他反感。如果不涉及人身安全，我们不如顺其自然，让自然惩罚来教育孩子。

自然惩罚更易让男孩理解

下雨天小锦特别高兴，因为地上到处都是蚯蚓。他最喜欢拿着蚯蚓逗小女孩玩。小女孩越害怕，小锦就越兴奋。

妈妈多次语重心长地警告小锦："你虽然不害怕，但是别人害怕。特别害怕的时候，会引发疾病的。"妈妈还给小锦举例：哪个孩子在老人面前放鞭炮，结果把老人吓出了心脏病，一病不起；哪个孩子用蛇吓另一个孩子，使他得了严重的心理疾病。

可以说，这都是血淋淋的教训，小锦听来似乎也有所触动，可是他依然玩心不改。一天晚上，他放学后故意不回家，躲在家门口的巷子里。一直等到妈妈出来找他，他猛然跳出来，把妈妈吓得一屁股坐在了地上。好一会儿，妈妈才喘匀了气，小锦若无其事地在旁边笑着，一边笑还一边说："妈妈，你是大人，还那么胆小。真不中用。"

妈妈脸色阴沉。小锦看妈妈脸色不好才不出声，乖乖跟着她回家了。小锦以为，妈妈肯定会对他大加斥责，但是妈妈一直没有发作。

周末，妈妈说带小锦去一个特别好玩的地方，还特别强调说："是一个让你震惊的地方。"小锦兴奋起来，他最喜欢刺激了。两个人来到一个建筑物里，大厅前面有一个屏风，过了屏风是一条山水廊，岩石做成的假山蜿蜒曲折，水依山势，也是曲曲弯弯。小锦跳来跳去，一会儿爬上山岩，一会又伸手到水里摸鱼。过了山水廊，是一个略显黑暗的房间，房间里有一个飞机操纵平台，平台前面是一系列的仪表。小锦在科技馆里玩过这种东西，他很喜欢，马上跑过去，手不停地按来按去，想找到遥控仪器。

忽然，小锦觉得身体晃动了一下。他以为是自己没有坐稳，就重新调整了一下坐姿。这时候，房间的门忽然关闭了。小锦吓了一跳，回头看妈妈，妈妈还在那里。妈妈喊道："小锦，快到我身边来，我感觉这房间在晃动。"小锦也明显感觉到房间在晃，而且晃动得越来越厉害。他大喊一声："妈妈，地震了！"然后冲到妈妈身边来。妈妈一把搂住了小锦。

房间晃动得更厉害了。小锦有些害怕，说："妈妈，我们快跑吧。"妈妈说："不能跑，房门关着，跑是跑不出去的。我们要找一个遮蔽的地方，先去飞机机舱里吧，那里应该安全。"

说完妈妈拉着小锦就跑。小锦的速度很快，几个箭步就窜进了飞机里，然后把妈妈拉进来，关好机舱门。这一切做完后，小锦坐在那里喘气。他带着哭腔问："妈妈，我们会不会死？"

"你害怕吗？"妈妈问道。

“害怕！特别害怕！我才知道什么叫世界末日。”小锦瑟瑟发抖地回答。

妈妈紧紧搂住小锦，安慰他说：“没事，有妈妈在呢。不过我好像听我同事说过，这个房间会产生摇晃的现象。你刚才是不是按了哪个开关？”

小锦一听，不那么紧张了。他从妈妈怀里钻出来，凑近仪表盘去看那几个开关，然后试着把一些开着的开关关掉。当他按到第五个开关的时候，房间不摇晃了。小锦呼出一口气大笑道：“嗨，我以为我要死了呢。这个地方怎么这么吓人啊？我们应该控诉建筑者，建这房子时竟然没设计提示标志。”妈妈说：“现在你理解被你吓的那些人了吧。”小锦一听，才明白妈妈的用意。

棒男孩教养妙招

Why：小锦妈妈事前知道这个房间的特性，但是没有告诉小锦，目的就是要让他体会一下突然受到惊吓的感觉。这样不但能让他悔改，还能帮助他学会应对突发事件。这可以说是不错的自然惩罚法。

How：1. 自然惩罚前，一定要确保孩子不会受很严重的伤。特别是不要让孩子产生心理阴影。小锦妈妈一直陪在孩子身边，这就是一个很好的保护。

2. 孩子无法理解的事情，可以使用自然惩罚法。有些事，没有发生在自己身上，他就不会感同身受。

让男孩通过眼前的“榜样”看到将来的恶果

不知道为什么，小远就是不喜欢刷牙。只要妈妈不提醒、不监督，他就不刷牙。不但如此，小远还喜欢吃糖。这两项中的任意一项都会对牙齿造成伤害，可偏偏小远占了两项。小远妈妈每次看到小远吃糖或者不刷牙，就警告他：“你继续这样下去，将来虫子就把你的牙齿吃光了。那时候你用什么来吃饭？”开始，小远的确害怕了，一想到满嘴没牙，吃苹果也没法吃了，他就很难过。可是他偶尔受不了诱惑，偷偷吃两块糖，却没发现有什么坏结果，于是就不再相信妈妈的话了。

妈妈见天天警告不管用，有些发愁。怎么办呢？她知道有个方法叫自然惩罚，可真要等到自然来惩罚他就晚了。

那天，妈妈跟同事聊天，说起这事。同事告诉她：“你带着孩子到牙科诊所去一趟，或者找一些牙病的照片，给孩子看看，他就知道了。”

一语提醒梦中人。其实在小远家附近，就有一个牙科门诊，门诊的主治医师还是小远爸爸的朋友。妈妈和爸爸商量了一下，让爸爸给那个朋友打个电话，请他帮忙“吓唬”一下小远。爸爸同意了。

周末，爸爸妈妈带着小远来到这家门诊。出门前，妈妈怕小远有负担，就说去朋友家玩，小远自然心无戒备。一走进门诊，小远就看见走廊里有好几个人，有的捂着嘴，满面痛楚，有的愁眉不展，偶尔还会咧着嘴。

这时候小远看见一个男人用手“啪啪”扇自己的嘴巴。他吓了一跳，问妈妈这人干什么呢？妈妈说：“牙疼。”小远皱了一下眉头，说了声：“哎呀我的妈呀。”一个房间的门开了，有个中年妇女抱着个哇哇大哭的孩子走出来，小远一眼就看见那个孩子牙根黑黑的，不禁缩了缩脖子。

这时候，爸爸的朋友正朝他们走来。小远看见穿白衣服的医生，不禁紧张起来。爸爸妈妈都跟着朋友进房间了，尽管小远不情愿，还是跟着进去了，他紧紧攥着妈妈的手。

一进去就看见冰冷的铁架子床上，一个人正仰面躺着，表情非常痛苦。爸爸的朋友对小远说：“我听说你想做牙科医生，好啊，有志向啊。来吧，叔叔正在给这位病人拔牙，你可以过来看看。”

小远哪里敢往前凑，一直躲在妈妈身后。从叔叔的门诊回来后，小远赶紧跑进洗手间，妈妈问他干什么，他说我要刷牙。

棒男孩教养妙招

Why：很多坏习惯不会马上给男孩造成影响，但可能给他带来恶果，那时再用自然惩罚法，已经没有意义。这就需要我们找一些“榜样”让孩子看看。

How：1. 找最能带来冲击力的“榜样”。可以是孩子身上的，也可以是别人身上的。只有给男孩的心灵造成冲击，才能让他意识到自己的错误。

2. 不要让孩子受惊过度。凡事适可而止，过犹不及。

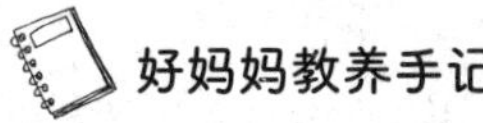

好妈妈教养手记

自然惩罚法是著名的文学家、教育家卢梭提出来的。他认为：父母的唠叨批评对孩子起到的教育作用，还不如错误行为的自然结果给孩子带来的教育有效。自然结果会给孩子造成一定的痛苦和刺激，会促使孩子担心害怕，并自觉反省。

这样做，孩子主动争着学

妈妈：你改不了，也不全怨你，咱们换个环境试试。

儿子：没有了那么多干扰和诱惑，我觉得我可以改正错误了。

解答：孩子犯错有主观因素，还有很多客观因素。如果孩子实在无法改正，我们不妨从客观因素上找找突破口。

环境对每一个人的影响都至关重要，成人都会“近朱者赤近墨者黑”，何况孩子呢？古代孟母之所以三次择邻，就是担心环境对孩子造成不好的影响。

在教育男孩的过程中，我们既不能高估他，也不能低估他。大多数男孩在成长的过程中，都是通过适应周围环境来完善自我的。如果环境中到处布满暗礁，没有社会经验的孩子会处处受伤，永远适应不了环境，也就永远无法自我成长。

不要把孩子置于不适合他的环境中

旦旦的妈妈一直很崇拜孟母，也想极力效仿孟母，把自己的儿子培养成栋梁之材，因此她一直想着要把家安在高档社区。

可是，旦旦的爸爸和她的工资都不是很高，没有能力把家安在高档社区。旦旦的爸爸只当旦旦妈妈开玩笑，没料到她早有筹划。

旦旦一岁的时候，妈妈辞了工作，到高档社区找了一个保姆的工作。虽是保姆，但是工作特别轻松，工资还很高，最重要的是可以自由出入这个高档社区。

高档社区里到底有什么让妈妈如此费心呢？原来那里有一个可以自由出入的文化区和少儿活动区。

妈妈一直认为，高档社区的居民行为举止都很规范，而且文雅有礼、富贵雍容。这也正是她想要自己的儿子具备的素质。因此能够自由出入文化区和少儿活动区，就是她为儿子争得的富贵文雅的入场券。妈妈和雇主家的关系非常好，雇主对她特别信任。因此当妈妈提出想让儿子也到这个小区里上幼儿园时，雇主居然给她做担保，并为她交了大半年的学费。就这样，旦旦和高档社区的孩子们站在了同一条起跑线上。

旦旦爸爸很不同意妈妈的做法，他认为高攀不好。没有一定的忍耐力，孩子在高攀的过程中肯定会受伤，倒不如活在与自己身份地位相符的地方，轻松自如，也不觉得累。旦旦妈妈不以为然，极力劝说旦旦爸爸："凭我俩的能力，一辈子都不可能翻身了。可是我不想我的儿子像我们一样卑微地活着，我想让他将来变得富贵、出人头地。这个方法肯定没错，你就相信一个妈妈的直觉吧。"

旦旦爸爸实在说服不了妈妈，也就只好由她。可是没有多久，就发生了变故。旦旦每次从幼儿园里回来，都会哭闹不休。妈妈问他为什么，旦旦说有人打他。

旦旦妈妈去幼儿园里问老师，老师一脸无辜，说："不可能，这里都是文明孩子，不会打人的。"

旦旦在老师面前指着其中的一个孩子，老师马上说："这是咱们园长的孩子。园长天天在这里教育孩子，怎么可能让自己的孩子打别人的孩子呢？"旦旦妈妈一听，心里已经明白八九分，可人在屋檐下，不得不低头。过了几年旦旦上小学了，当然他上的是贵族小学，每天旦旦都很高兴。他快快乐乐地上学，快快乐乐地回家，快快乐乐地从书包里掏出一些礼物来。旦旦爸爸渐渐意识到有问题，就问旦旦怎么回事。旦旦自豪地说是同学送的，因为他人缘好。爸爸不相信，三番五次询问，旦旦终于说出实话："我从别人那里拿的。他有那么多，根本就不在乎少这一个。我以前拿都没有人注意到。"

棒男孩教养妙招

Why：一个极度伤害孩子自尊心、自信心的环境，会毁掉孩子最纯真的品质。如果此时没人教导，他会因为不良情绪而形成不良品格。比如，愤怒可能会让他形成暴躁的脾气，自卑可能会让他变得心胸狭窄，极易嫉妒，也可能会让他变得极为虚荣。

How：1. **不要把孩子置于不适合他的环境中。**小孩子最需要从环境中获得温暖、舒适感，这是他形成安全感的基础。

2. **孩子小的时候，不要刻意让他学什么“富人样”。**不管什么样，只要是刻意学来的，就可能会让他染上虚荣的恶习。

3. **适时制止孩子的不良行为。**旦旦已经有了偷东西的行为，妈妈必须及时制止，否则后果不堪设想。

为男孩创造一个培养好习惯的环境

久久的英文成绩特别不好，听很多朋友说，背单词是学好英语的第一步。因此，久久妈妈决定每天监督久久背诵十个单词。

久久的作业不是很多，但背诵十个单词却是一件难事。每天久久一听说要背单词了，就愁眉苦脸，抵触情绪特别大。

刚开始妈妈工作忙，只是给久久布置任务，并偶尔突击检查一下。久久总是在检查之前背诵一下当天的单词，因为妈妈只检查一天的单词量，所以久久常常能侥幸过关。

那天妈妈偶尔翻了翻以前的单词，随意挑了几个问久久，久久一个都答不上来。妈妈这才发现久久对单词的记忆只停留在短时记忆上。虽然如此，妈妈并没有责怪他。回想当年她刚开始学习英语的时候，也很头疼背单词。所以，**她很理解久久，而且她知道强迫久久改变肯定是不行的。**

怎么办呢？久久妈妈想了很久，最后做了一个严肃的决定：她自己也每天记十个单词。同时，她还买了很多英语动画片。妈妈还要求爸爸必须看英语新闻，否则就别打开电视。

这真是一个密不透风的“英语网”，电视打开是英语新闻，VCD 打开是英语动漫，电脑打开是英语电影。爸爸妈妈说话是英语单词，当然，也有英语句子。

爸爸的英文水平还算可以，妈妈的英文水平稍差一些，经常是有词无句，说一句话半天也没人懂，闹得大家说话就像捉迷藏一样。

妈妈很担心这会给久久造成不良影响，但妈妈的错误被爸爸上下左右一加工，反而创造了一个幽默环境，成为活跃家庭生活的笑点。

久久依然会排斥背诵单词，但有意思的是，不管是吃饭还是看书、看电视，偶尔会从他嘴里蹦出一两句英语句子来。

一个月后，久久就不再需要妈妈监督了，因为他迫切需要多记忆一些单词，否则和爸爸对话就有麻烦了。

棒男孩教养妙招

Why：前面也曾说过常开英语新闻频道不一定能培养男孩的英语耳朵，如果另一个人也在津津有味地看，那么男孩就会有不同感觉，英语新闻对他的吸引力也会不同。

How：1. **培养男孩的习惯，要为他创造一个有吸引力的环境。**在这个环境下，孩子会产生强烈改变的决心，不用父母监督，孩子就能自我监督。

2. **不要强迫孩子。**好的学习环境是舒适自然的，你不能给孩子一点点强迫感，否则孩子就会识破你的伎俩，并故意破坏它。

好妈妈教养手记

环境对孩子各方面的成长都有很大影响。不同的孩子在不同的环境中，性格、品质、学习能力等都会有很大的差别。给孩子塑造一个适合他的成长环境，他才能更健康、更茁壮地成长。

无条件的信任才能换来孩子改变的决心

妈妈：不管别人怎么说你，妈妈永远信任你。

儿子：妈妈，您真好，有您这个坚强的后盾，我就什么都不怕了。妈妈您放心吧，我肯定会做一个让您满意的儿子。

解答：由于男孩生性顽皮好动，在成长过程中他会犯下许多错误。如果妈妈永远信任他、支持他，他就会顺从妈妈的指导，改“邪”归正。

信任孩子和尊重孩子同等重要，这是滋润孩子自我提升的完美养料。信任孩子意味着永远相信孩子的正向心，并且永远支持孩子会走正向之路。

不过信任不是袒护。男孩在外面犯错了，你不顾别人的指责，一味袒护他，对他来讲不是一件好事。因为这会让他分不清是非，同时还学会逃避责任。

公正地看待男孩的错误，告诉他错在哪儿，同时还要告诉他，不管改变有多难，你都是他最坚实的依靠。

男孩发誓想改变时，无条件信任他

学校提倡“自我监督”，铁铁和妈妈商量后，决定让铁铁监督自己按时学习。难得铁铁主动提出好好学习，妈妈自然很高兴，并表示全力支持。可是听完铁铁的整个计划后，妈妈不说话了。

原来铁铁的计划是：不管是放学还是周末，什么时候开始做作业，什么时候停止做作业，一切由自己决定，不需要妈妈的提醒和监督。妈妈马上说：“那你玩起来还能刹得住车吗？我看这不是自我监督，而是自我放纵！”

铁铁不满地说：“妈妈，您先别插话，听我说完。我和几个同学商量好了，最大的痛苦莫过于在放纵的时候戛然而止。如果我们能忍受得了这种痛苦，我们肯定能做到自我监督。”

妈妈还是摇头说：“你说得好听，可是以你现在的年龄，自控能力还不够强，时间观念也没那么强，怎么进行自我监督啊？”

“妈妈，我和柴岗说好了，我俩放学后一起玩，玩到最痛快的时候，马上提醒对方回家写作业。我们决定谁先放下玩具，谁就能得到对方的一个玩具。”

“这个主意是挺好的，可是你真的能做到吗？”

“妈妈，我知道开始肯定很难，但是您就相信我一次，好不好？即使我不行，不是还有柴岗吗？”

妈妈认识柴刚，他是和铁铁一起长大的小伙伴，两人的性格差不多，开朗顽皮好动。妈妈一想到两个孩子凑到一块自我监督，就满心怀疑。但是既然儿子信誓旦旦，并且决心改变，不妨给他一次机会。

计划施行的第一天，柴岗和铁铁刚开始玩，柴岗就喊“回家写作业”，两个孩子匆忙往家里跑。第二天是铁铁喊的，两人也没有玩多久，就回家写作业了。可是到了第三天谁都忘了喊，两人一直玩了两个小时，谁都舍不得喊。最后妈妈忍不住了，出来喊铁铁回家吃饭。铁铁马上说“回家写作业”，两个孩子才回家。

第四天妈妈等了很久，还没见铁铁回来，就出去喊他回家，没想到却遭到了铁铁的拒绝。他说：“妈妈，您不能这样，游戏规则是我们自己定的。我们没喊就不回家。”妈妈生气了，说：“等你们喊，都满天星斗了。”

“谁说的？我现在就来喊，回家做作业。”柴岗说完转身就走，铁铁也转身回家。后来的日子，妈妈总是积极地参与喊“回家做作业”的计划。十天都没过，两个孩子就产生了逆反心理。妈妈越喊，两人越是玩得欢畅。

棒男孩教养妙招

Why：大多孩子都是“三分钟热度”，能让他坚持下去的是兴趣和激励。本来孩子可以自我激励，但是由于妈妈的加入，自我激励变得可有可无，直到最后孩子完全失去兴趣。

How：1. **既然决定信任男孩，就应该无条件信任他。**男孩做不到，是他自己的事情，而你不信任他，则是你的问题。

2. **孩子要求改变时，引导他加一条激励机制，再加一条惩罚机制。**这样妈妈就不用自己监督孩子了。两个孩子会互相监督，因为谁都想得到激励，不想被惩罚。

妈妈的信任通常是孩子奋发向上的动力

阿信上初中的时候就住校了。没有妈妈的照顾，虽然会遭遇很多艰辛，但也获得了同样多的自由。阿信在痛苦之中慢慢找到了自我安慰的方法：交朋友。

阿信的朋友鱼龙混杂，有老师同学，有门卫清洁工，有职员老板，还有龙。龙不能被分到其中任何一类，他不在校园，没有职业，却是唯一一个让阿信觉得人生处处有惊喜的朋友，正如初见他那一次。

那时阿信正在理发店理发，而龙则骑着一辆自制的摩托车奔驰而来。那辆车太特别了，车的链条构筑成一条龙形，龙头正好在车把处，龙尾在车尾处，而龙穿着一身黑色的皮衣，坐在机车的正中间。

当摩托车“轰隆隆”驶过来的时候，不光是阿信，理发店所有的人都直直地看着他。龙把头盔一摘，露出那张帅气得有些失真的脸庞，理发店内顿时哗然，几个女孩子轻声尖叫着。

有人在窃窃私语：“这不是龙吗？别看是从监狱里出来的，却真是一个人物。瞧人家自己做的这辆车，就凭这也不会饿死啊。”

“那当然了，人家是军人出身，不光会做这个，会做的事情多了。我要是年轻二十岁，就不顾一切地嫁给他。”

阿信听了，对龙肃然起敬。在男孩中间一直流传着这样的话：要成为男人，一要进军队，二要进监狱。龙两者都经历过，所以他是真男人。

然而在这个真男人面前，阿信却丢脸了。理发结束时，他发现自己居然没有带钱。就在他满脸通红的时候，龙说："我请客。"这一切发生得太戏剧化，以至于阿信都不相信自己的耳朵。他呆呆地站在原地，惹得理发店里的几个小姑娘大笑不止。

这之后阿信和龙就成了好友。但是真正走进龙的生活，阿信才发现，他是一个冷酷的人，可以为了填饱自己的肚子，抢走穷苦人的最后一粒米。尽管这不是阿信想要的，但阿信却总是试图用龙的优点来麻痹自己。和龙在一起，阿信走到哪里都被高看一眼，甚至可以吃饭不用买单，坐车不用买票，还有人送这送那。

最重要的是，和龙在一起阿信可以认识很多黑社会的人物。他们性格各异、凶狠好斗，却也仗义疏财。和龙在一起，阿信还可以进入很多自己想都没有想过的场合，连赌博、打斗等电视剧里才出现的场景，他都亲身经历过。

这样风云变幻的事情，一个一个带着彩色的音符冲上来，让小小的阿信兴奋至极。想想十几年来，一直待在妈妈的身边过着循规蹈矩的日子，真是浪费生命。

阿信的外表和内心在短短的时间内都发生了天翻地覆的变化。他把头发染成了浮夸的白色，穿上了以自己的经济能力根本就买不起的名牌。他追求奢华，喜欢被人追捧，为所欲为。

某个夜晚他走在楼梯上，有个学生只是不小心碰了他一下，他就勃然大怒，一拳将那个孩子打下楼梯，然后不顾他痛苦的呼救声转身离去。那个学生被人发现的时候，已经失血太多昏厥过去，差点一命呜呼。

阿信被开除了，校领导宣布决定的时候，他还是一副无所谓的态度。他对校园生活已经失去了信心。他想：这样也好，反正可以去龙那里。

就在他拿着行李准备走的时候，在宿舍门前他看到了自己的妈妈。秋风吹拂下的妈妈显得特别单薄，脸也有些青白。他不知道妈妈在这里等了多久。

看到阿信从台阶上方出现，妈妈跌跌撞撞奔过来。在最后一级台阶上妈妈摔倒了，阿信的心猛的震颤了一下。

妈妈不等阿信反应，就飞快地站起身来，尴尬地对着他笑笑，说："妈妈出丑了，不好意思。没关系，妈妈知道你不会嫌弃妈妈的。”

说完妈妈接过阿信手里的行李，说：“先回家吧，妈妈知道你有点累了。”然后拿着行李在前面走着。一直等着狂风暴雨降临的阿信，有点懵了。

他本来打算和世界决裂，义无反顾地追随龙，可是现在他几乎是不由自主地跟在妈妈的身后走了。他有一点难过，也有一点幸福。

棒男孩教养妙招

Why：不管孩子做了什么，妈妈永远会爱孩子。只要这一点不变，孩子对世界的留恋就不会减少。当然这并不意味着偏袒，而是支持，无条件的信任，信任他有能力走出错误。

How：1. **用亲情温暖孩子**。越是受人诟病的孩子，越需要妈妈的信任，越需要妈妈的温暖关照。

2. **不管孩子错到何种地步，都要相信他有向上的心**。没有孩子会故意走入歧途，好奇心甚至好心，都能让孩子走错。妈妈应该看到他的这颗正向心，认可他的正向心。

好妈妈教养手记

信任孩子其实不需要任何条件。因为他是你的儿子，他是你从小看着长大的。所以，他走的每一步都由你来见证，他走的每一步也应该由你来护航。在没有成熟之前，他就像一棵草，难免被风吹拂，失去方向，可是只要你能保护他的根，无论“东西南北”风也不会把他怎样，而信任就是保护“根”的最好方法。

后　记

不啰唆，不说教，照样教出棒男孩

一天早晨我送女儿上学，碰到她班上的一个男同学。他坐在妈妈的自行车后座，两个人聊得特别开心。那天风特别大，他妈妈为了让他听见，也为了听见他的话，在骑车的时候稍稍侧过身来。

我很好奇，因为这个年纪的男孩和妈妈能聊的话题甚少。送孩子进校后我就问这位妈妈和儿子在聊什么。她说："瞎聊，只要不是禁区就可以聊。"

我问她什么是禁区。她说："就是让他尴尬的、难过的、沮丧的、受刺激的。说是聊天，其实大部分时间都是我在听。别看小孩子的话幼稚，听多了也挺有意思的。最有意思的是，有时候他说着说着，就能发现自己的错误。"

我十分感慨，忽然想起心理咨询师的一个重要工作技巧就是全神贯注地倾听。仅仅只是正确倾听，就会引发当事人的思考和改变。

家庭教育也是如此，**学会倾听，学会正确沟通，就能引发孩子的思考，帮助他自我完善。**如此，你根本就不需要劳心费力地督促、检验、强迫孩子纠正错误。

在写作本书之前，通过调查，我收集了很多妈妈教育男孩的方法，也征求过很多妈妈的意见。本书真实记录了她们的方法和建议。

不过读者妈妈在阅读的时候，一定要结合自己的实际情况，加入自己的思考，争取总结出更适合你当下情况的方法，因为只有属于你的才是最好的。

《爱自己，和谁结婚都一样（新版）》

[德] 爱娃－玛丽亚·楚尔霍斯特　著

许洁　译

定价：49.80 元

幸福、平和、明媚的婚恋生活
从“爱自己”开始

- 爱自己，你便可以从伴侣身上发现自己内心的弱点，并让彼此获得克服弱点的能力；
- 爱自己，你就能将婚姻变为疗愈场所，让自己治愈自己，与伴侣平和、健康地沟通；
- 爱自己，你就能给孩子良好的成长环境，通过自身树立的榜样告诉他们什么才是美满、和睦的家庭。

在这个快速消费的时代，我们已经习惯了消费，也习惯了丢弃，甚至我们的伴侣关系也被深深地打上快速消费的烙印：只要觉得不再适合自己了，就立即换一个新的——“我肯定还能找到更好的伴侣”！而欧洲备受信赖和欢迎的情感医师爱娃－玛丽亚·楚尔霍斯特，却通过在咨询中接触的上千个婚恋案例总结出：只要爱自己，和谁结婚都一样。你现在的伴侣就是最好的，绝大多数离异和分手都可以避免。

停止漫无边际的茫然寻找吧，请相信：你现在的伴侣，就是最好的、最适合你的伴侣。只要真正爱自己，你就可以实现期待中“执子之手，与子偕老”的温暖真爱。